악착같이
그리고
꾸준하게

악착같이 그리고 **꾸준하게**

남아공살이 7년 차, 바닥을 딛고 일어난 한 여자의 도전기

초 판 1쇄 2024년 04월 12일

지은이 최주선
펴낸이 류종렬

펴낸곳 미다스북스
본부장 임종익
편집장 이다경
책임진행 김가영, 윤가희, 이예나, 안채원, 김요섭, 임인영, 권유정

등록 2001년 3월 21일 제2001-000040호
주소 서울시 마포구 양화로 133 서교타워 711호
전화 02) 322-7802~3
팩스 02) 6007-1845
블로그 http://blog.naver.com/midasbooks
전자주소 midasbooks@hanmail.net
페이스북 https://www.facebook.com/midasbooks425
인스타그램 https://www.instagram/midasbooks

ISBN 979-11-6910-591-0 03190

값 **18,000원**

미다스북스는 다음세대에게 필요한 지혜와 교양을 생각합니다.

남아공살이 7년 차, 바닥을 딛고 일어난 한 여자의 도전기

악착같이
그리고
꾸준하게

최주선 지음

미다스북스

들어가는글

"되면! 할게요."

　요즘 중고등학생들과 20대 사회초년생이 많이 하는 말이란다. 청소년
기 아이들을 가르치는 주변 교사들이 말하고, 온라인에 나온 강사들이
그리 말한다. "일단 해보자. 하면 된다."라는 어른들의 말에도 벽을 치고
도리질에 팔짱까지 낀 채로 요지부동이라고 했다. 환경이 조성되지 않
으면 공부하지 않겠단다. 연필 꺼내고, 책 펴고, 물 떠오고, 화장실 다녀
오고, 음악도 좀 틀어놓고, 조명도 만지고, 간식도 가져온 후 자기가 생
각하는 준비가 완벽하게 끝나면 "자! 이제 공부해 볼까!"를 외친다. 결국
"졸리니까 그냥 자야겠다."라고 말하는 모습을 심심찮게 볼 수 있다고 들
었다. 공부하는 데 준비하는 시간만 족히 30분이 걸리니, 가능성 없는 일
에 에너지를 낭비하지 않겠다는 소리다. 가능성 없는 일은 시간만 버릴
테니, 아예 모든 상황과 환경이 준비된 뒤에 시작하는 게 현명하다고 할
수도 있을지 모르겠다. 그러나 사십 평생 살아온 경험으로 단언컨대, 그

렇게 하면 결코 시작할 수 없다는 걸 알게 되었다.

　나는 능동적인 동시에 수동적인 사람이었다. 이게 무슨 앞뒤가 안 맞는 말이냐고 물을지 모르겠다. 원래 소극적이다가 적극적으로 바뀐 게 아니다. 주변을 찾아보면 나 같은 사람을 쉽게 만날 수 있을 텐데, 전면에 나서진 않지만, 멍석을 깔아주면 어떻게든 하는 사람이 있다. 주목받고 싶은 마음도 있고, 인정받고 싶은 마음도 있지만, 선두에 서서 달리는 것보다는 뒤에서 밀어주는 게 좀 더 자신 있는 사람이었달까. 정말 하고 싶을 때는 손을 들고 나서기도 하지만, 대부분 먼저 하겠다고 손을 드는 법이 절대 없었다. 그런데 누군가가 나를 지목하면 어떻게든 완성도 100%를 만들려고 애를 쓴다. 기어코 좋은 결과치를 만들기 위해 부단히 노력한다. 한때는 부탁을 받으면 거절하지도 못하고 혼자 끙끙 앓았다. 그러면서도 일을 완성도 있게 해내려고 애쓴 경험이 많다.

　"어쩜, 한 번을 No!라고 말하는 법이 없으세요?"
　"네? 제가 그랬나요? 제가 할 수 있을 것 같은 일은 무조건 YES죠. 정말 못 할 것 같으면 NO라고 하겠죠. 하하."

　내게 업무 지시 혹은 협업을 부탁하는 윗사람, 동료의 말에는 일단 해보겠다고 대답했다. 어쩌면 거절을 잘 못 하는 성향이 "그래. 일단 해보자."라고 반응하는 나를 만들어왔을지도 모르겠다. 곰곰이 생각해 보니, 숱한 시간 동안 거절 못 해 힘들었을 때가 내게 부정적인 영향만을 준 건 아니었다. 마인드를 바꾼 덕분에 실행할 수 있었던 게 아니다. 실행했기 때문에 마인드가 바뀌었다.

일이 맡겨지면 자신 없을 때가 많았다. 전문직에 종사하고 있을 때도 나를 전문가라 인정하지 못했다. 누군가가 나를 인정하고 칭찬하면 인정 못 하겠다고 반응했다. 나는 자신에게 매우 인색한 사람이었다. 그랬던 내가, 지금은 실행하고 결과를 만들어내는 나를 보며 인정하고 칭찬할 수 있게 되었다. 작은 것부터 실행하는 과정을 통해 하나씩 해내는 나를 만났기 때문이다. 큰일뿐 아니라 작은 계획 하나를 세우고 해내면 자신을 칭찬하고 토닥여 준다. 지금은 나의 상황에 따라 적절히 거절할 줄도 안다.

본 책에는 남아프리카에서 자기 계발을 하며 인생을 변화시키고자 애썼던 평범한 아줌마의 일상이 담겨있다. 세상에는 생각하고 원하는 일을 이뤄내는 사람이 많다. 그들의 삶을 보면 나는 새 발의 피도 안 된다는 생각이 든다. 영어 공부를 시작할 때도, 소리튠 영어 지도자 과정을 거쳐 코치가 되는 과정도 만만치 않았다. 한 권의 책을 완성하고 작가가 되기까지도, 라이팅 코치로서도 여전히 고군분투 중이다.

하고 싶었던 일을 생각하고, 한계에 부딪힐 때조차도 나는 도저히 할 수 없다고 뒷걸음질 치지 않았다. 10%의 가능성만 있어도 어떻게든 할 수 있는 상황을 만들고 방법을 찾으려고 애썼다.

쉽지 않았지만 악착같이 실행했던 일화가 이 책에 담겨 있다. 기록하고 보니, 더 선명하게 보인다. 내가 원하는 것을 그저 생각만 하고 실행하지 않았다면 오늘이 올 수 있었을까? '오늘'이라는 시간이 올 수는 있었겠지만, 아마 다른 모습으로 오늘을 살고 있었을 거다. 그게 좋다 나쁘다는 차원은 아니다. 그저, 내가 바라는 나의 모습과 성장을 위해, 나는 무엇을 할 수 있었을지 의구심이 든다.

나는 여전히 미래를 위해 열심히 수레를 돌리는 중이다. 성공보다는 실패와 실수가 더 많은 삶이지만, 이러한 과정을 통해서 성공으로 더 가까이 갈 수 있는 계단을 하나씩 밟아가는 중이다. 결국, 실행하지 않고서는 성공, 실패 그 어느 쪽도 만날 수 없다.

삶의 수레바퀴 아래서 계속해서 나의 바퀴를 돌려야 한다. 누군가가 대신 내 수레바퀴를 돌려주길 기다리지도, 기대하지도 말아야 한다. 내가 다른 사람의 수레바퀴를 대신 돌려주려고 애쓸 필요도 없다. 결국, 나의 인생은 내가 마음먹고, 행동한 일의 결과물이다. 원하는 것을 향해 걸어가다 보면 포기하고 싶고, 타협하고 싶은 순간을 수없이 만나게 된다. 억만장자나 백만장자 아니, 한 달에 아직 월 천만 원도 못 버는 사람이지만, 이 책이 증명하듯 나는 이전과는 다른 삶을 살고 있다.

여전히 포기하고 싶은 순간이 계속해서 찾아온다. 그럴 때마다 나는 싸우고, 버티고, 참는다. 그리고 이 모든 순간은 내가 어떻게 마음먹고 행동하느냐에 따라서 다른 내일을 만날 기회가 된다고 믿고 움직이려 한다.

되면 하는 것도 나쁘지 않다. 그러나 더 좋은 건 되도록 만드는 것이다. 쉽지 않겠지만 되게 하면 된다. 삶은 안 되는 것을 가능하게 만들 수 있는 즐거운 낙원이다. 한계의 언덕에서 포기하고 내려왔다면 나는 지금의 나를 만날 수 없었을 거다. 결국, 마음을 움직이는 사인에 반응해서 "실행"했기 때문에 해낼 수 있었다. 되게 하면 된다. 생각하고 써야겠다고 마음먹고 부단히 쓴 원고 덕에 이 책도 세상에 빛을 보게 되었다. 마음먹은 대로 주저하지 않고 행동했기 때문에 내 인생의 궤도가 달라질 수 있었다. 이런 과정을 통해 무엇이든 일단 실행하면 얻게 된다는 걸 알았다.

주저할 이유가 없다.
이 책의 독자들도 마음에 두고 있는 바를 바로 실행함으로 원하는 것을 얻게 되길 응원한다.

2024년 한여름의 남아프리카에서
글로다짓기 최주선

1장

삶의 수레바퀴를 견디는 법

①
행동하지 않는다면
다음 무대는 꿈꿀 수 없다

개인의 힘은 행동을 취할 수 있는 능력이다.

- 토니 로빈스

남편과 나는 선교사다. 7년 전 남아공으로 온 뒤로는 안정적 수입을 벌수 없었다. 목사 신분으로서의 선교사는 생산적인 일을 해서 돈을 버는 직업은 아니다. 먼 타지에서 복음을 전하고, 지역사회를 위한 일을 하면서 개인 또는 단체, 교회 후원을 받고 산다. 누구는 후원금으로 사니 좋겠다고도 하지만 왜 고충이 없겠는가. 언제 이 후원이 끊길까 불안한 마음을 가지고 산다. 이번 달도 딱 한 달 살이다. 통장은 어떻게 하면 채워질까, 대체 돈은 어떻게 모으는 걸까. 남아공으로 온 후, 통장을 채우는 일은 아예 내 리스트에 넣을 수조차 없었다. 안정적이지 않은 삶을 계속 살다 보면 가끔은 무뎌지기도 한다. 그러다 전화로 "아직 후원은 안 끊겼니?"라고 묻는 엄마의 말을 들을 때면, 현실을 직시한다.

얼마가 끊겼는지 일부러 점검해 보지 않는다. 그저 매달 들어오는 만큼만 가지고 산다. 무슨 똥배짱인지 모르겠지만 마음 한쪽에는 '후원 끊기면 한국 가지 뭐. 더는 여기서 할 일 없으면 한국으로 보내시지 않겠어?'라는 생각도 한다. 신앙고백을 하자면 지금까지 하나님께서 먹이시고 입히시는 경험을 하며 살았다. 때를 따라 돕는 은혜. 딱 한 달 살 만큼이다.

이미 부자가 되었거나 돈을 모아 재산을 불린 사람은 말하길, 돈을 모으려면 악착같이 쓰지 말고 모으라고 한다. 적어도 종잣돈이 모일 때까지는 그렇게 해야 한다고 유튜브에서 듣고 책에서 보았다. 그 말대로 해보려고 해 봤다. 남편도 수입이 있고, 나도 돈 벌 때는 조금이라도 떼어서 저금했다. 세 아이 이름으로 각각 2만 원짜리 청약 적금도 넣었다. 인터넷 적금에 내 이름으로 매월 10만 원씩 넣었다. 그렇게 모은 400만 원. 적금 만기 된 돈 덕에 남아공에서 자기 계발 비용으로 조금이라도 쓸 수 있었다. 내 비상금의 전부였다. 일단 떼어 적금하면 어떻게든 쓸 수 있을 거로 생각했던 대처가 톡톡히 도움이 됐다.

안정적이지 않은 나그네 인생

남아공에서는 경제활동을 안 하는데, 어떻게 돈을 저금할까. 한 달 살이는 도저히 여유가 없다. 매달 돈을 쓰면 잔액이 찍히는 스마트폰 문자에 잔액이 '0'에 가까워질수록 마음도 텅 비어버릴 것만 같다.

"우리 이러다가 한국 가야겠어."

남편은 이 말을 3개월 단위로 던졌다. 어떻게든 잘살아 보겠다며 오늘에 집중하다가도 이런 말을 듣는 날에는 잠자리가 뒤숭숭했다. 이불을 머리끝까지 잡아당겨도 잠이 안 왔다. 영주권이라도 있으면 비자 걱정이라도 없으련만, 가지고 있는 비자 기한이 끝나면 언제 쫓겨날지 모른다. 집을 살 만한 돈도 없다. 어차피 영주권이 없으니 집을 사는 것도 마음이 편치 않을 거다. 차도 퍼질까 늘 불안하기만 하다.

"딱 3개월만 더 버티다 안 되면 한국에 가자."

이런 말을 들을 때면 남아공이 뭐가 좋다고 더 있고 싶은지 나도 모르겠다. 그저 아쉬운 마음만 크다. 당장 한국을 가도 살아질 거다. 어디 굶어 죽을까. 다시 일하면 된다. 그러나, 내 선택이 아닌 떠밀려 쫓겨나는 건 상상하고 싶지 않다. 어딘들 안 그럴까. 돈 많고 영어 잘하면 어느 나라든 잘살 수 있단다. 돈 없고, 영어도 기깔나게 잘하지 못하는 나는 왜 이곳에서 더 머무르고 싶은 걸까?

삶의 터전이 불안정하면 뭘 해도 마음이 편치 않다. 코로나가 시작되고 뭐라도 해보겠다는 마음으로 블로그를 해서 수익을 냈다. 요즘 블로그로 월 천 번다는 사람에 비하면 새 발의 피지만, 내게는 긴 기간 경력 단절을 깬 첫 수입이었다. 이모티콘도 만들어서 매달 치킨값도 벌었다. 천 마스크도 만들어 팔았다. 취미로 시작한 디지털 드로잉을 시작으로 1년 후에는 드로잉 도구를 이용한 그림 강의를 할 수 있었다. 강의는 확장

되었고 아주 적은 인원이지만 온오프라인으로 강의했다. 이 이야기는 나의 첫 책 『삼 남매와 남아공 서바이벌』에 자세하게 실려 있다.

문 하나가 닫히면 또 하나가 열린다

그 뒤로 2년이 흘렀다. 그사이 나는 약간의 슬럼프를 지났다. 뭐든 나보다 잘하는 사람이 우후죽순 늘어나고 있었다. 사람들이 내 드로잉 강의를 꼭 들어야 할 만한 매력을 나조차도 찾지 못했다. 깊은 자괴감이 들었고, 그만 손 놓아야 할 것만 같았다. 이모티콘은 자꾸 비승인되는 통에 할 맛이 안 났다. 처음 시작했던 티스토리 블로그도 손을 놓으니 안 하게 됐다. 작게나마 수입을 만들며 신났던 순간은 점점 멀어졌다. 마스크도, 마스크 줄도 더는 수요가 없었다. 계속되는 코로나 탓에 한인회에서도 일회용 마스크를 무료로 나눠주었다. 현지 사람들도 편리하게 약국에서 마스크를 저렴한 가격에 사서 썼다. 마스크로 낼 수 있는 수익도 쥐꼬리만큼이었지만 더 만들 이유가 없었다. 매월 용돈 벌이라도 하던 수입은 점점 줄어들었다.

그러던 어느 날, 속성으로 배워온 미용기술로 한인들 머리를 해줬다. 파마와 커트 시술이었다. 처음에는 재능기부 차원에서 지인들 위주로만 하다가 소문이 났다. 예약을 잡고 올 만큼 사람이 늘어났다. 계속 무료로 하기에는 시간도 에너지도 많이 들어갔다. 전문가는 아니니까 저렴하게 받아야겠다고 생각했다. 한국 달동네 미용실에서 받을 가격만큼만 받았다. 생각보다 실력이 나쁘지 않은지 사람이 계속 늘었다. 아이들 간식

값은 걱정 없이 쓸 수 있었다. 그렇게 사람이 한 번에 몰렸다. 영어 공부하고 글쓰기 수업도 듣고 자기 계발에 시간 쏟고 있을 때라, 예약이 없을 때는 몸이 편해서 좋았다. 반면, 몸이 편할수록 내 지갑은 텅 비었다. 그렇게 번 돈은 그냥 생활비로 그때그때 나가버리고 남은 게 없었다. 일정 생활비 이외의 수입이었음에도 저축할 생각도 없었다. 어쩌면 당연했던 거다. 생활비 채워 넣기 급급했다.

공부를 더 하고 싶고, 여러 가지 기술도 배우고 싶은데, 돈 없어서 할 수 없다고 생각하니 울화가 치밀었다. 인생이 분했다. 전문대 졸업 후 편입 시험을 봤지만, 집에 돈이 없어서 입학하지 못했을 때가 떠올랐다. 여전히 '돈'이 내 발목을 잡는다는 사실이 아무리 생각해도 비참함 그 자체였다. "돈 없어도 꿈이 있으면 가능합니다!", "지금은 가난하지만, 반복 상상하면서 내가 부자가 되어 있을 거라 확신을 두고 살면 됩니다!" 누가 그렇게 말했나. 내 귀에는 그런 말이 허무맹랑하게만 들렸다. 제발 현실적으로 말이 되는 조언을 해 줄 수는 없는지 반문하고 싶었다. 내가 할 수 있었던 건 강의를 듣고 자격증을 따기 위해 겨우 대출을 받아서 시작하는 것뿐이었기 때문이다.

행동하지 않는 믿음은 죽은 믿음이다
되돌아보니, 당시의 '겨우'는 인생의 새로운 문을 여는 '열쇠'가 됐다. 그 겨자씨만 한 희망이 있었기에 소원한 일을 시작할 수 있었다. 시작할 때 마음이 반이라고 하지만, 나는 한 발 내디뎌야 진짜 시작이라고 생각한다. 원하는 것을 시작한 후에서야 비로소 미래를 그릴 수 있게 되었다. 선명하게 보이지 않아도 이제 시작이라는 생각에 내 미래가 기대되기 시작했다. 보이지 않는 길에서 한 발을 내디딜 수 있다는 것은 희망이다.

성경 마태복음 17장 20절에 겨자씨 한 알만 한 믿음이 있으면 이 산을 여기서 저기로 옮길 수 있다는 말씀이 나온다. 무릇 많은 사람이 책을 읽고 동기부여를 받는다. 꿈꾸면 이루어진다는 것이다. 그러나 꿈만 꿔서 이루어지는 일은 없다. 꿈꾸는 자가 성장하고 성공할 수 있는 이유는 많은 돈도, 안정적인 환경도 아니다. 가장 중요한 것은 '어떻게든 해내겠다는 믿음'을 가지고 행동하는 것이다. 이 또한 역시 성경에서 말하기를 '행동하지 않는 믿음은 죽은 믿음'이라고 말한다. 실행이 없는 믿음은 믿음이 아니며, 마음먹지 않고 행동하지 않는다면 다음 무대는 꿈꿀 수 없다.

②

시간의 축적이
만들어 낸 나는 힘이 세다

사람을 강하게 만드는 것은
그가 하는 일이 아니라 하고자 노력하는 것이다.
- 어니스트 헤밍웨이

적응에도 노력이 필요하다

남아공으로 출발하기로 결정 후, 이보영 작가의 영어회화 책을 들고 공항 영어부터 외웠다. 일상생활에서 쓰는 영어를 외우고자 눈알 빠지게 들여다봤다. 당시 어린이집에서 일할 때였다. 아이들 낮잠 시간에는 보육일지를 쓰고, 남은 시간은 영어 공부 시간으로 사용했다. 그리 쉽게 외워질 리 없었다. 잠깐이나마 외운 문장은 책을 덮는 순간, 같이 휘발되고 말았다.

"해외에서 살아봤자 한인 사회 들어가면 영어 절대 안 늘어요."

미국에 사는 사촌 시누이에게 들은 이 한마디는 한인 사회에는 들어가지 않겠다는 마음을 굳히게 했다. 실제로 남아공에 와서 1년 동안은 한인과 거의 교류하지 않았다. 외국 땅에서 산다고 해도 영어 쓰는 환경은 자연스럽게 만들어지는 게 아니었다. 쓴다고 해도 고작 마트나 학교 문밖에서 아이들을 기다릴 때 스치는 아이들 친구 엄마뿐이었다. 영어를 못해서 무시당해 울고 싶을 때가 한두 번이 아니었다. 관공서, 병원에 가서도 속사포로 지나가는 빠른 말이 들릴 리 없었다. 잘못 알아듣고 대답한 결과는 오류투성이였다.

마트에 가서 "What can I do for you?"가 안 들려서 "Thank you."라고 했다. "무엇을 도와드릴까요?"라는 물음에 "고맙습니다."라고 대답을 했다니! 이런 머저리 같을 때가 한두 번이 아니었다. 영어를 못해서 집을 사기당할 뻔했고, 자동차 보증금을 떼였다. 엄마들과 친해지고 싶지만, 무슨 말을 해야 할지 몰랐다. 땀이 삐질 날 듯한 고요함이 싫었다. 차에서 안 내리고 있다가 눈 마주치면 후다닥 나와서 "Hello." 인사만 하고 다시 차에 올라탔다. 무슨 말인지 전혀 못 알아듣지만, 현지 교회에 가서 매주 예배드렸다. 마치 못 알아듣는 토크쇼 한 편을 보고 나온 것 같았다. 나는 어디 가서 말 못 한다고 들어 본 적 없는 사람인데, 영어를 못하니 자신이 없었다. 다른 나라 언어를 못할 뿐인데, 내가 무식하단 생각이 들었다. 현지 친구를 만들기도 쉽지 않았다. 가장 중요한 일은 비자 처리와 학교 상담, 병원 업무였다. 이 일만 아니면, 먹고사는 데는 전혀 지장이 없다고 생각했다.

중요한 건 의사소통의 해결이다

우리 집 둘째인 다엘은 눈이 나쁘다. 네 살 때 고도원시에 한쪽 눈이 내사시라는 걸 알았다. 안경을 쓸 때는 별 차이가 없는데 안경을 벗으면 한쪽 눈이 안쪽으로 몰린다. 한국에서 처방해 온 안경을 쓰다가 약 1년 후에 남아공에서 새로 안경을 바꿨다. 안경도 바꿨고 눈이 좋아졌다는 말에 덩실덩실 춤이라도 추고 싶었다. 남아공 안경원에는 안경사와 검안사가 상주하는 덕분에 검사할 때 큰 질병이 아니면 전문의를 찾아가지 않아도 됐다. 이때만 해도 영어로 의사소통이 완벽하지 않을 때였다. 면담에 서로 누가 들어갈지 남편과 늘 공방전을 벌였다. 못 알아듣거나 대답못 할 경우를 대비해 스마트폰 번역기는 늘 켜뒀다. 그때 검진에서는 사시 자동 조절 장치인 프리즘을 안경렌즈에서 뺐다. 당시 고도 원시로 인한 사시였기에 벌써 프리즘을 뺀다는 말에 약간의 의구심은 있었다. 그래도 검안사가 알아서 해주겠거니 받아 들고 집으로 왔다. 솔직히 궁금한 게 있어도 영어가 안 되니 조목조목 묻지 못한 이유도 있었다. 그렇게 코로나가 시작됐고, 2년 동안 다엘은 안경원에서 새로 만들어 준 프리즘 빠진 안경을 계속 착용했다. 처음에는 잘 보인다고 했기에 괜찮은 줄 알았다.

"엄마 사람이 자꾸 두 명으로 보여요. 물건도 두 개로 보이고요."

안경 적응 기간이라고 생각했다. 또, 무리하거나 피곤하면 그럴 수 있다고 여겼다. 영상이나 책도 그만 보고, 눈 혹사하지 말고 쉬라고 했다.

그렇게 세 번 정도 이야기했을 때는 이건 뭔가 문제가 있다고 판단됐다. 다엘 성격을 아는데, 참다못해 이야기했을 게 분명했다. 마음이 조급해졌다. 그냥 내버려둔 건 아닌지, 안일했다는 생각이 들었다. 사시 검사를 할 수 있는 안경원 세 곳을 찾았다. 돌아온 대답은 모두 빨리 전문의를 찾아가라는 거였다. 프리즘을 뺀 탓에 교정되던 눈동자는 안경을 쓰고도 안쪽으로 돌아갔다. 이번에는 내사시(안쪽으로 몰리는 증상)뿐 아니라 상시(위쪽으로 올라가는 증상)까지 생긴 거다. 세 곳의 안경원에 들어갔다 나오면서 남편과 둘이 "그러니까 아까 이렇게 말한 거 아니었어?"라며 설전을 벌였다. 대화는 "아니, 그게 아니라 나는 이렇게 들었는데."로 끝났다. 퍼즐 맞추듯 말의 조각을 맞추고 있었다. 내 귀도 믿을 수 없고 남편 귀도 믿을 수 없었다. 중요한 일인데, 눈살 찌푸릴 정도로 둘 다 머저리 같기만 했다.

어렵게 예약해서 몇 달 만에 만난 전문의는 인도 사람이었다. 깡마른 몸에 검은 뿔테 안경을 끼고 흰 가운을 입은 의사는 몹시 예민해 보였다. 다엘의 눈 검사에 관한 이야기가 이어졌다. 이때만 해도 이제 좀 영어가 70% 정도 들린다 싶을 때였다. 문제는 듣긴 해도 여전히 자연스럽게 말하는 게 힘들었다. 주변에 도움을 청해 영어 잘하는 사람과 함께 가고 싶었다. 그만큼 중요한 일이었으니까. 지인 몇 명에게 상황을 이야기했지만, 누구 하나 같이 가주겠다고 발 벗고 나서는 사람은 없었다. 혹 이야기가 잘 안 통할까 봐 한국에서 받아 온 두꺼운 의무기록 사본을 챙겼다. 말이 안 통하면 자료라도 보여줄 요량이었다. 바짝 긴장됐다. 수술이 언급되었기 때문이다. 수술해도 다엘 눈을 외국 의사에게 맡기고 싶지 않았다. 수술비도 감당 안 될 터였다. 그런데 이날 수술 이야기보다 심각했던 건 우리의 의사소통 문제였다.

"우리는 너무 의사소통이 안 되네요. 당신들 영어가 너무 형편없어요."

인도 의사의 말을 직역하자면 이런 말이었다. 듣고 있자니 남편도 나도 얼굴이 붉게 달아올랐다. 어쩌면 짧은 시간에 여러 환자를 만나야 하는 의사에게는 허우적거리는 시간이 아까웠을지도 모르겠다. 부드럽게 술술 대화가 이어져야 하는데 이상하게 이미 안경원에서 몇 차례 했던 같은 말도 안 나왔다. 우여곡절 끝에, 수술은 미루고 한국에 가서 다시 검사하겠다고 결론을 냈다. 한국은 분명 수술하지 않고도 해결 방법이 있을 거란 믿음이었다.

영어를 잘 못 알아듣고 말을 잘 못 해서 중차대한 일을 그르칠 뻔했다는 생각에 눈물이 차올랐다. 식당에서는 잘 못 나온 메뉴를 받고도 그냥 조용히 먹어야 했다. 음식에서 이상한 이물질이 나와도 조목조목 소비자의 권리도 못 찾았다. 이민국에 비자가 안 나와서 알아보러 왔다고 해도 영어로 잘 따지는 사람은 상대해 주지만, 어눌한 사람은 가차 없이 무시했다. 학교 선생님은 진짜 내가 말을 알아듣는 게 맞냐며 되묻기도 했다. 엄마들 사이에 있어야 할 때면 왜 웃는지 이유도 모르고 같이 웃었다. 나는 한국 원어민인데 왜 내가 영어 앞에서 이렇게 주눅이 들어야 하는지 늘 나 자신이 한심하게 느껴졌다.

"공부해도 안 되는 거야? 왜 안 되는데?" 이런 마음은 영어에 대한 분노를 일으켰다. 꼭 잘하고 말겠다는 의지를 다졌다. 무슨 일이든 벽을 넘으려면 한 번은 화가 나야 한다. 그 화는 임계점을 넘는 도움닫기가 된다. 전략적인 영어 공부가 필요했다. 그렇게 찾다 찾은 '소리튠 영어'는 내 인생 마지막 영어 공부의 점을 찍는 계기가 되었다.

'그럼에도 불구하고'가 아닌 '그 덕분에'

자신이 가진 장애를 딛고 일어난 대표적인 인물 중에는 휴 허(Hugh Herr)가 있다. 유명한 산악인이자 엔지니어인 그는 등반하던 중 심한 동상으로 인해 양쪽 다리 모두 무릎 아래를 절단했다. 모두 휴 허를 보고 산악인으로 살 수 없을 거라고 말했지만, 그는 의족을 끼고 다시 등반에 성공했다. 그리고 '그럼에도 불구하고'가 아닌 그의 장애를 촉매제로 활용해 '그 덕분에' 할 수 있었다고 말한다.

외국에 살면서 영어를 못했던 덕분에 나는 영어 공부를 시작했다. 아직도 자신 있게 100%라고 말할 수 없는 이유는 여전히 안 들리는 단어나 모르는 단어가 있기 때문이다. 영어 강사도 간혹 원어민 말을 못 알아듣는다는데 당연하다는 생각이 들었다. 이제는 대화하다가 못 알아들어도 주눅 들지 않는다. "다시 한 번 말씀해 주시겠어요?" 자신 있게 묻는다. 영어를 못하는 게 죄도 아닌데 왜 그렇게 주눅 들고 창피해야 했을까. 영어를 잘하지 못했던 시간을 딛고 열심히 공부했기 때문에 다른 사람에게 나의 창피하고 빈약한 과거의 시간을 당당하게 이야기할 수 있게 되었다.

내가 영어를 못했던 건 장애와는 조금 다른 차원이지만, 영어를 못했던 이유가 방아쇠가 되었다. 일반 코치가 되기까지 훈련에 그치지 않고 많은 시간을 노력했다. 원래 잘했던 사람이 영어코치가 되었다면 당연하다고 했을 거다. 그러나 영어를 알지도 못하는 사람이 영어를 말하게 되었고, 영어코치로서 다른 사람을 돕고 있다니! 기적 같은 일이다. 무슨 일이든 다 잘할 필요도 없고 그럴 수도 없지만, 그 시간을 믿고 일어난 덕분에 나같이 영어를 힘들어하는 사람에게 조언해 줄 수 있게 되었다.

모든 것에는 시작할 수 있는 동기가 필요하다. 그 동기가 정복을 향한 굳은 의지나 혹은 화가 나는 계기라면 더할 나위 없이 좋다. 동기를 계기로 시간이 쌓여야 한다. 시간의 축적이 만들어 낸 현재의 나는 미래를 위한 새로운 축적을 하는 중이다.

③

지금 여기,
순간에 주목해야 이유

가장 중요한 것은 가장 가까이에 있다.
- 니콜라스 스파크스

"아휴, 지겨워. 진짜 징글징글하다."

엄마가 자주 쓰던 말이다. 대체 뭐가 그렇게 지겹고 징글맞은지 그때
는 몰랐다. 엄마는 당연히 가족을 위해 밥하고, 청소하고 빨래하고 아이
들 뒤치다꺼리도 잘해야 하는 거 아닌가 생각했다. 엄마니까.

"니들도 나중에 커서 결혼해 봐. 그래서 꼭 너네 같은 애들 낳아서 키
워 봐."

엄마는 속상한 날이면 꼭 이렇게 말했다. 다행히 지금 우리 집 아이들
은 아직 10대 중반도 안 된 삼 남매라 크게 속 썩이는 날은 없었다. 그저

내가 하라는 대로 하고 하지 말라는 건 안 하는 착한 아이들이다. 그런데도 의견이 갈리거나 도무지 이해할 수 없는 행동을 하는 날에는 답답해 미칠 지경이다. 해야 할 일은 안 하고, 하고 싶은 일만 하는 날에는 내 입에서 불호령이 떨어진다. 그럼 질질 짜며 눈물을 보이는 꼬락서니가 그리도 보기 싫다. 아이를 울리는 나쁜 엄마는 되기 싫어서 야단친 이유를 조목조목 설명한다. 어쩌면 아이의 감정보다 내 체면 차리는 느낌도 든다. 그러다가 결국 감정이 극에 달한 채로 서로에게 생채기만 남긴다.

여러 심리학 박사가 말하길 아이들은 야단맞는 순간에는 그저 혼나는 분위기와 감정에 눌려 아무것도 안 들린다고 했다. 거대한 거인이 앞에 서서 허리춤에 손 얹은 채 언성을 높이는 데 기를 펴지 못할 법도 하다. 아이들은 야단맞는 그 순간에는 잘못한 일에 대한 동기와 이유를 떠올리지 못한다고 했다. 그 말을 들은 후로는 아이들 야단칠 때 표정을 유난히 살피게 됐다. 하지만 수위 조절이 필요하다고 생각하면서도 주체가 되지 않는 날이 종종 있다. 보육교사 10년 경력에 심리학 공부도 했는데 아이 키우는 게 왜 이렇게 쉽지 않을까. 엄마 노릇은 어렵다. 대체 집안일은 왜 해도 안 줄어드는 걸까? 아이들은 언제 커서 자기 스스로 밥 차려 먹고 설거지까지 깔끔하게 끝낼 수 있을까?

역시 사지라는 말은 괜히 있는 게 아니다

직장을 다니지 않을 때는 집안일 하는 게 그리 힘들지 않았다. 때 되면 삼시 세끼 밥 차리는 게 귀찮기는 해도 힘든 일은 아니었다. 시간을 따로 분배할 필요도 없었다. 저녁에 다음 날 아침 먹을 음식을 만들고, 오전에는 며칠간 먹을 반찬을 만들었다. 낮에는 아이들이 학교 다녀와서 먹을 간식을 직접 만들었다. 빵을 굽기도 하고, 어떤 날에는 고구마 맛탕, 떡볶이, 카스텔라, 탕수육, 치킨 가끔은 피자도 직접 반죽해서 만들어 대령했다. 남아공에 산 이후로는 한국 간식을 쉽게 먹을 수 없다. 한국 거리에서 파는 붕어빵, 핫도그, 토스트 같은 길거리 간식이 그리운 날이면 직접 만들어야 했다. 처음에는 내가 그리워서 시작했다. 맛을 보고 난 뒤삼 남매는 한 번씩 메뉴를 주문했다. 내가 아이들 간식을 손수 만들어 주는 걸 본 지인이 내게 말했다.

"어휴, 나는 시간이 없어서 해 주고 싶어도 못 해."

밥하고 설거지하고 빨래하고 구석구석 청소하는 일이 시간 있을 때만 가능하다니! 밥, 간식 챙겨주는 건 시간이 없어서 못 한다는 게 엄마가 할 말인가 싶었다. 아무리 바빠도 집안일은 당연히 해야 하는 건데 무슨 핑계가 그리 많은가. 마음만 먹으면 언제든 가능한 일이라고 생각했다. 그러나 오만무례했다. 이제는 마음먹는다고 언제든 가능하지 않다는 걸 몸소 느끼며 산다. 역시 사람은 경험해 보지 않으면 이해를 못 한다.

뭐든 마음 같지 않은 게 문제다

SNS에서 깔끔하고 완벽하게 집을 단장해 놓은 모습을 보면 의지가 불붙듯 차오른다. 요즘에는 쌓아 둔 집안일은 족히 열 번은 마음먹어야 고작 한 번 한다. 코치 일을 시작하고 자기 계발에 시간을 쏟을수록 하루가 더욱 짧게만 느껴진다. 시간만 나면 내 시간으로 온전히 다 쏟아붓고 싶은데 늘 걸린다. 그놈의 집안일, 안 먹고도 살고 싶은 끼니 말이다. 나는 안 먹어도 가족들은 먹여야 하니 요리도 해야 한다. 눈에 보이는 너저분한 집안 살림이 도저히 용납이 안 된다. 왜 치워도 티도 안 날까. 싹 쓸어다 검은 쓰레기봉투에 처박고 싶은 충동을 가끔 느낀다.

오늘 아침, 학교 가서 없는 아이 방을 멍하니 서서 바라봤다. 사람이 없어 방이 텅 비어야 하는데 왜 이렇게 꽉 차 있을까. 이미 마음에는 검은 쓰레기 봉지를 열 장도 더 펼쳐놨다. 한 끼는 그냥 대충 먹으면 안 될까. 아침마다 싸는 도시락 세 개는 언제까지 싸야 할까. 밥을 먹었으면 싱크대에 그릇 가져다 놓고 식탁도 좀 깔끔하게 해 놓으면 얼마나 좋을까. 그게 그렇게 어려운 걸까. 내 꿈이 야무지다. 물 마신 컵도 사방에 늘어놓는데 너무 큰 걸 바란다 싶었다.

하루는 식사를 마친 후 일어나려는 데 남편과 아이들이 나를 자리에 끌어 앉혔다.

"저녁 먹고 먼저 일어나지 말고, 잠깐 앉아서 이야기도 좀 하고 가."

저녁 시간은 내게 황금 같은 시간이다. 영어 코칭도 해야 하고, 글도 써야 한다. 어차피 식사는 자기들이 알아서 하니까 나중에 치우러 주방으로 가면 된다. 저녁 밥상을 맛있고, 따뜻하게 차려줬으니 된 것 아닌가. 나는 최선을 다했다. 급하게 닭 한 마리 넣고 감자, 당근, 양파 넣어 푹푹 삶아 맛있게 간까지 맞춰서 대령했다. 반찬이라고는 김치뿐이었지만, 닭고기에 익힌 채소, 밥, 김치면 한 끼 식사로 부족함 없다. 그런데 식구들이 바라는 건 엄마의 부재에 관한 불만이었다. 다들 모르지 않는다. 엄마가 얼마나 바쁘고 치열하게 사는지, 가까이에서 보니까 안다. 하지만 그들이 바라는 엄마의 역할은 밥, 빨래, 집안일만이 전부가 아니었다. 충분한 대화와 살가운 분위기, 하하 호호 문밖으로 새어 나갈 법한 웃음소리로 여유 있게 거실에서 함께 모이는 시간을 바라는 거다.

함께할 수 있는 시간은 바로 지금이다

며칠 전, 모처럼 아이들과 영화 한 편을 봤다. 배우 박서준, 아이유가 나오는 〈드림〉이라는 영화였다. 무슨 줄거리인지도 모르고 남편이 틀기에 아이들 틈을 비집고 들어가 앉았다. 셋째 요엘은 내가 가서 앉으니 옆자리로 옮기며 기꺼이 자리를 내줬다. 소파를 두고 굳이 바닥에 다닥다닥 붙어 앉았다. 영화를 보면서 웃긴 장면이 나올 때마다 박장대소했다. 사다 둔 과자 몇 봉지를 가져다가 내가 먼저 뜯었다. 과자 봉지가 좌에서 우로 왔다 갔다 하는 동안 서로의 입에 과자 넣어주기에 바빴다. 살을 부대끼면서 조촐하고 따뜻한 시간을 보냈다. 그 뒤로 며칠간 아이들은 "또 〈드림〉 보면 안 돼요?" 하고 서너 차례 물었다. 다른 영화도 아니고 그 〈드림〉 말이다. 단순히 영화가 재밌어서일 수도 있다. 그런데 아이들은 엄마 아빠와 함께 모여 앉았던 그 시간이 더 좋았나 보다. 이틀 뒤 둘째 다엘이 내게 찾아왔다. 시간은 이미 밤 아홉 시였고, 아이들은 자고 있어야 할 시간이었다.

"엄마, 언제 시간 있어요?"
"왜? 뭐 하고 싶어? 왜 안 자고 일어났어? 왜 지금 와서 그걸 물어?"
"아니요. 그냥 엄마랑 같이 뭐 하고 싶어서요."

자려고 누웠는데 이 말은 하고 자야겠는지, 빼꼼 문을 열고 들어온 다엘의 마음이 어땠을지 짐작됐다. 아이에게 필요한 건 엄마가 채워주는 일상보다 그냥 '엄마'의 존재라는 생각에 미안한 마음이 가득 밀려왔다. 아이를 낳아서 키우고 일상의 필요를 채워주는 존재. 아울러 정서의 허기까지 채워주는 사람. 그것이 엄마라는 존재에게 주어진 몫 아니겠는가.

아이들보다 '내'가 먼저 보일 때가 있다. 그런 순간은 내 시간과 내 발전이 더 중요하다는 생각에서 시작됐다. 물론 삼 남매는 어떠한 엄마의 모습이든 늘 자랑스럽게 여긴다. 내가 생각하는 것 이상으로 엄마를 높여준다. 그리고 거울삼아 행동하기도 한다. 아이들 모습에서 내가 보여 더러 화들짝 놀라는 일도 적잖다. 그래서일까. 노력하고 성장하는 엄마의 모습을 보면서 아이들도 자극받고 본받을 거라는 생각에서 더 열심히 살고 싶었다.

열심히 일하며 타인의 필요를 채워주려고 애쓰며 산다. 다른 사람에게 선한 영향력을 끼치겠다며 강의하고, 글도 쓴다. 하지만 그렇게 타인을 지나치게 신경 쓰는 동안 정작 중요한 가족은 소홀히 하고 있었다. 지나간 시간이 아쉬워 구글 사진첩과 스마트폰에 저장된 아이들 사진을 꽤 자주 들여다본다. 아이들은 생각보다 빨리 자란다. 아마도 내가 아이들의 손을 찾을 나이가 되면 아이들은 내 손이 필요 없는 나이가 될지도 모르겠다. 힘들어도 살 비비며 복닥거릴 때가 따뜻하고 행복한 시간임을 지나서야 깨닫게 될 거다. 정작 중요한 것을 놓치지 않는 삶을 살기 위해서는 내 안을 잘 들여다봐야 한다. 관계도 그렇다. 지치고 힘들 때가 있지만, 그럼에도 주어진 '엄마의 몫'을 다 해 나가며 살아가는 존재가 엄마 아니겠는가.

놓치지 않아야 할 지금 여기, 소중한 사람과 함께 하는 순간에도 주목해야 한다.

무엇을 기꺼이 줄 수 있다는 마음으로 하라

진실한 소통은 필요한 것을 주고받는 과정이다.

- 벤자민 디즈라엘리

한국에서 쉴 새 없이 울려대던 카톡, 전화, 문자 메시지가 더는 없었다. 가끔 날아오는 문자 메시지는 스팸이거나 돈 나갔다는 은행 알림이었다. 어쩌다 한 번 오는 안부 메시지나 부모님의 카톡뿐이었다. 시간이 갈수록 안부 인사도 내가 먼저 보내야 했다. 처음에는 좋았다. 복작거리던 생활을 떠나오니, 아무도 찾지 않아 조용했고 여유로웠다. 그렇게 약 1년이 흐르면서 점점 무료해지기 시작했다. 연말만 되면 향수병이 찾아왔다. 소통이 그립고 익숙한 장소가 그리웠다. 현지에서 알게 된 한인과의 대화는 어쩌다 한 번이었다. 속마음을 말할 곳이 없었다. 평소 남편과 대화를 나눈들 채워지지 않는 허기가 있었다.

소통을 찾아 나서다

2008년 처음 블로그에 입문했다. 당시 네이버 블로그에 입문하는 사람이 많아질 무렵이었다. MSN 메신저와 싸이월드 재미에 푹 빠져 SNS를 시작했지만, 처음 보는 블로그는 어렵기만 했다. 흥미도 없었다. 신생 메신저인 카카오톡에 재미가 들렸다.

2020년 코로나 팬데믹 이후 SNS를 다시 시작했다. 살기 위한 몸부림이었다. 뭐부터 시작할지 고민하다 찾은 곳이 블로그였다. 더 일찍 할 걸 그랬다. 그제야 블로그 소통에 흥이 났다. 진작 시작했더라면 지금쯤 인플루언서가 되었을 텐데 후회막심이다. 마치 네 집 내 집 방문하듯 온라인에서 오가는 댓글에 점점 빠져들었다. 인사치레일 수 있는 누군가의 말 한마디에도 마음이 녹았다. 그 시기 즈음, 온라인 대학에서 공부를 시작했다. 다양한 사람과 소통하며 인스타그램과 블로그 댓글로 쉴 새 없이 스마트폰이 울렸다. 우후죽순 늘어난 단체 카카오톡 오픈 채팅방 덕에 손가락이 바빴다.

"나한테도 좀 그 사람한테 하듯 웃어줘 봐. 누구랑 얘기하는데 그렇게 재밌어?"

이따금 스마트폰 화면을 들여다보며 히죽거리는 나를 못마땅해하는 남편의 말이었다. 새로운 소통이 즐거웠다. 가끔은 별 큰 의미 없는 톡 한 줄에도 적극적으로 반응했다. 오랜만에 느껴보는 소속감이었다. 무료하다고 투덜댔던 몇 개월 전의 내 모습과는 사뭇 달랐다.

하루는 지인 S가 집에 찾아왔다. 하지만 수시로 울리는 내 스마트폰의 인스타그램, 블로그 댓글, 카톡 알림에 나도 모르게 신경이 쓰였다. 대화하는 내내 계속해서 진동이 울렸다. 계속해서 울어대는 스마트폰의 진동이 느껴지지 않도록 무음으로 돌리기도 했다. 얼른 대답해 줘야 할 것 같은 마음에 잠시 자리를 비워서 댓글을 달거나 답장을 보내기도 했다. 지금 생각해 보면 얼마나 예의 없는 행동인가 싶다. 물론, 대화하다 일어나서 자리를 비운 것은 아니었다. 남편과 S가 대화를 나누는 사이 잠시 일어났다. S는 온라인 세상에 푹 빠져 지내는 청소년을 보듯 한심한 눈빛으로 나를 바라봤다. 당시 나는 나름대로 자기 계발에 열중하고 있었다. 온라인관계 확장도 씨앗 심는 시간이라고 생각했다. 이유가 어찌 되었든, 종일 온라인 소통에 푹 빠져 지내는 날이 많았다. 당시 참여했던 이모티콘 창작, 디지털 드로잉, 영어 챌린지, 글쓰기 외에도 인증 챌린지 오픈채팅방만 해도 열 개 가까이 됐다. 처음에는 재밌고 신났지만, 소통의 피로도는 점점 올라가고 있었다.

소통에도 필요한 균형

모든 관계에는 '노력'이 필요하듯, 온라인에서의 소통에도 노력이 필요했다. 관계를 유지하기 위해서는 쉴 새 없이 소통해야 했다. 하루에 한 번 혹은 이틀에 한 번이라도 계속 소통하고 싶은 사람을 찾아갔다. 의무가 되면 오래가지 못하는 걸 알지만, 도리가 없었다. 질문에 적극적으로 반응했다. SNS를 해서 좋은 점은 다른 사람은 어떻게 사는지, 어떤 공부를 하는지 알 수 있다는 것이다. 때로는 내가 모르는 정보를 주워 담기도 한다. 새로운 도전과 자극을 받는다. 관심 있었지만 시작하지 못한 분야를 시작해 볼까 싶은 생각도 한다.

하루에 글을 두 개씩 올렸다. 어떤 날에는 세 개, 네 개도 올렸다. 쌓이는 게시물은 기록이 되어 좋았다. 하지만 그게 화근이었을까, 스마트폰과 모니터를 장시간 바라보고 있으니 눈의 피로도가 올라갔다. 몸이 피곤해지자 대체 내가 언제까지 이렇게 해야 하나 싶었다. 서서히 타협하고 있었다. 시간이 흐를수록 쳐다보기도 싫어졌다. 급기야 온라인 활동에 숨이 막혔다. SNS에 들이는 시간이 아깝게 느껴졌다. 점점 앱을 열어보는 일이 줄어들었다. SNS 소통 외에도 글 쓰고, 책 읽고 강의 듣는 것만 해도 벅찼다. 같이 시작했는데 저 사람은 벌써 저만큼이나 가고 있구나, 자랑하려고 저런 거 올리나 싶은 마음도 들었다. 오픈 채팅방 소통도 그만하고 싶어졌다. 그냥 다 때려치우고 딱 한 가지에만 집중하고 싶어졌다. 괜스레 핵심적이고 우선순위가 높은 한 가지 목표에 집중하라는 『원씽』에 나오는 말로 나를 위로했다. 그렇게 SNS도 멀리, 이전에 활동했던 단체 톡 방에서도 조금씩 손을 놓고 있었다. 그러면서도 반응은 안할 뿐 한 번씩 들여다보기는 했다.

소통의 횟수를 줄여가면서 영어 공부에 집중했다. 그림 그리고 글은 쓰되 적당히 소통하고 열기를 좀 내려놨다. 소통의 횟수가 줄어드니 관계도 이전 같지 않게 느껴졌다. 마음은 다시 열심히 하면 될 것 같은데 귀찮았다. 나름대로 열심히 살고는 있는데 왜인지 점점 도태되는 느낌이

들었다. 그렇게 1년이 흘렀다. 책 쓰기 코치로서 이제는 진짜 내가 무슨 일을 하는 사람인지 알리고 소통해야 할 필요가 생겼는데, 다시 시작하려니 좀처럼 잘되지 않았다. 다시 해야 하는 이유는 명확했다.

목표를 위해 손품을 팔아라

매일 책을 읽는다. 블로그에도 글을 쓰고, 브런치 스토리에도 쓴다. 내가 읽은 책의 내용을 요약한다. 일상에서 일어나는 일과 생각을 연결하여 메시지를 만든다. 이 모든 걸 기록할 수 있는 좋은 공간이 SNS이다. 21세기는 SNS 소통을 해야 관계의 폭이 넓힐 수 있다. 일부러 발품 팔며 돌아다니지도 않고 로그인 한 번이면 전 세계 곳곳의 사람과 소통이 가능하다.

손품은 팔아야 한다는 말이다. 나 이렇게 여기 잘살고 있다고, 나는 지금 이런 일을 하고 있다고 알리지 않으면 모르는 세상이다. 처음에는 굳이 그렇게까지 해야 하나 싶었다. 가끔 해도 뭐가 문제 될까 싶었다. 1인 사업가로서 내가 해왔던 일을 기록으로 남기고, 다른 사람들에게 선한 영향력을 끼치기는 위해서는 SNS 소통은 필수다. 더군다나 한국에서 몇 만 리 떨어진 남아공에서 한국과 전 세계 사람까지 소통할 수 있는 이런 절호의 기회가 어디 있을까.

마음부터 고쳐먹었다. 빅데이터 시대다. 나는 지금 데이터를 쌓는 중이다. 나만의 데이터, 다른 사람을 위한 데이터. 단, 내 속도대로 천천히 간다. 다시 번아웃이 와서 완전히 내려놓고 싶지는 않기 때문이다. 신기하게도 사람들은 내가 다가가는 만큼만 왔다. 먼저 찾아가고, 인사를 나누고 그들이 쓴 글을 읽었다. 읽고 느낀 점을 진심을 담아 댓글로 남겼다. 어쩌면 내가 잊혀 갈 때쯤 알아서 나를 좀 찾아줬으면 하는 마음이 있었을지도 모른다. 내가 먼저 가지 않아도 누군가 먼저 내게 와서 아는 척해주기를 바랐는지도 모르겠다. 세상 어떤 이치든 무엇을 바라기만 한 채, 가만히 있어서는 안 된다.

다시 소통을 시작했다. 너무 열성적이지는 않되, 적당히 말이다. 무미건조하게 가끔 달리던 인사형식의 복사, 붙여넣기의 댓글에서 마음이 담긴 댓글이 하나둘 늘기 시작했다. 내 이야기만 올릴 때는 달리지 않던 댓글이, 글쓰기 관련된 정보에는 도움이 됐다는 감사 인사가 달렸다. 나를 돌아보면 된다. 나부터도 내게 도움이 되는 글을 정독하고 있지 않은가. 내게 필요한 정보를 찾아 일부러 검색하고 있다. 누군가에게 도움이 되고 적극적인 소통을 하고 싶다면 내가 그들을 위해 무엇을 할 수 있는지를 생각하면 된다.

"나는 무엇을 줄 수 있을까?"

내가 줄 수 있는 것을 기꺼이 주려는 마음으로 하면 된다.

⑤

인생 계단을 오르는
뚜벅이가 되어라

희망은 작은 바람에도 나무를 흔들어 놓는다.

– 루시안 바이르드

새벽 6시, 아침 당직인 날은 평소보다 일찍 출근했다. 밥보다 잠이 더 좋았던 20대 초반에는 헐레벌떡 뛰어나가는 날이 많았다. 아침은 고사하고 출근해서 화장한 날도 있었다. 보육교사는 3D 직종 중 하나다. 원래 3D 직종의 의미는 힘들고(Difficult), 더럽고(Dirty), 위험한(Dangerous) 일을 말하는데, 보육교사는 일은 힘들고 돈은 박봉이라는 점에서 3D 직종으로 분류한다. 내 전공은 사회복지인데, 공무원이 아닌 이상 사회복지사도 3D 직종 중 하나로 본다. 사회복지사든 보육교사든 내가 가질 수 있는 직업과 전공은 3D 직종을 못 벗어나게 생겼었다.

그래도 당시는 좋았다. 어렸을 때부터 '유치원 선생님'이 꿈이었는데 유아교육학과를 못 갔다뿐이지, 어린이집 교사도 어린이를 가르치는 일이었기 때문이다. 실제 일을 해보니, 아이들을 좋아하는 것과 교사로 일하는 건 큰 차이가 있었다. 날 대부분은 해뜨기 전에 출근하고 해진 후 퇴근했다. 평일은 놀 시간이 없을뿐더러 주말에는 온전히 시간을 교회에서 보냈던 탓에 집, 어린이집, 교회가 내 생활 반경의 전부였다. 6시 칼퇴근하는 날도 있었는데 이런 날이면 친구들과 만나 저녁을 먹었다.

"어머, 얘 어쩌니~ 얘 가서 재워라. 얘 눈 좀 봐라. 다크서클 눈 밑까지 내려온 거 봐."

밤 9시쯤 되면 친구들은 내게 피곤해 보인다며 이렇게 말하곤 했다. 어린이집에서도 교육과 보육을 함께 하는데 왜 유치원 교사보다 급여가 적은지 늘 못마땅했다. 근무시간도 길고 일은 더 많이 하는 것 같은데 말이다. 교사들 사이에서는 일의 비중과 급여에 대한 서러움이 오갔다. 정해진 시간 이외에도 잡무를 하다 보면 정시 퇴근은 어려웠다. 그렇게 열심히 일해도 기본급만 치면 터무니없이 적은 금액이었다. 2005년 처음 보육교사 일을 했을 때는 120만 원 정도였다. 10년이 지나 호봉도 붙고 수당이 붙었을 때는 처우 개선비까지 합쳐 약 200만 원을 조금 넘겼던 거로 기억한다. 2018년 하루 평균 9시간 근무 기본급이 160만 원도 안 된다는 기사를 봤다. 실제로 근무시간은 평균 9시간이 넘었다. 2023년 보육교사 호봉 표를 인터넷에서 찾아봤다. 10년 차 교사일 경우 약 240만 원을 받는다고 적혀 있었다. 세월이 흘렀고, 현장을 떠난 지 벌써 7년이 넘었지만, 그렇게 많은 급여 인상이 있었던 걸로 보이지는 않는다.

되게 만들겠다는 마음

5년간 수입이 없었다. 남편도 나도 일해서 돈 벌 수 없는 환경이었다. 워크 비자도 없고, 남아공은 미국처럼 아르바이트할 수 있는 환경이 아니다. 현지 사역을 위해 개인 혹은 교회에서 보내주는 후원금으로만 살았다. 그마저도 은혜였다. 누가 보면 남이 주는 돈 받아 편하게 산다고 말할지도 모르겠다. 실상은 그렇지 못하다. 마음이 편하지만은 않다. 넉넉하지도 못하다. 아이 셋 키우면서 외국에서 살기에는 턱없이 부족했다. 인제 와서 내가 다른 직업을 갖는 일은 상상도 못 했다.

어떤 사람은 한 우물만 파라고 말하고, 어떤 사람은 여러 우물을 파다 보면 자기가 원하는 일을 할 수 있게 될 거라고 했다. 한 우물이든, 여러 우물이든 뭐든 해보려고 여기저기 기웃거렸다. 온라인 세상 공부도 하고, 자기 계발에 관심을 가졌다. 영어는 이곳 생존에 필요한 필수 언어이기에 꾸준히 훈련했다. 그러다 소리튠 영어를 만났다. 내 인생 마지막 영어라는 생각으로 시작했다. 일단 소리라도 멋지게 바꾸어 보자는 마음이었다. 처음 훈련을 시작할 때는 영어랑 관련된 직업을 가지게 될 거라는 희망이 1%도 없었다. 그저 뭐라도 훈련하다 보면 영어 실력이 늘겠거니 하며 잡은 지푸라기였다. 그저 내 영어 실력이 유창하길 바랐다. 또한, 정기적 수입이 생기길 원했다. 늘 입버릇처럼 말해온 나만의 계획이 있다. 들어오는 후원금은 모두 사역에 사용하고, 내가 일해서 번 돈으로는 생활비로 쓰고도 남았으면 좋겠다는 언제 이루어질지 알 수 없는 계획이었다.

스스로 해결책을 찾기 위해서 적극적으로 나서라

소리튠 영어코치로 일하고 있다. 대략 시간을 따지자면 하루 평균 4~5
시간 정도 일한다. 자기 계발로 영어 훈련을 하면서 코치를 꿈꿨다. 시간
제로 일할 수 있다는 장점과 인터넷만 사용할 수 있으면 언제 어디서든
일할 수 있다는 조건에 부합했다. 남아공 인터넷은 한국에 비하면 느린
편이지만, 꽤 쓸 만하다. 순환 정전 탓에 전기와 인터넷이 자주 끊어지는
골치 아픈 문제는 있어도 어떻게든 해결할 방법을 찾으려고 했다.

환경이 안 되면 만들면 되고, 실력이 부족하면 키우면 된다는 마음을
가지고 덤볐다. 반신반의하는 마음으로 시작했던 영어 지도자 과정은 생
각보다 길어졌지만, 결국 해냈다. 힘들지 않은 건 아니다. 부단히 노력
해야 한다. 연구하고 소리도 갈고 닦아야 한다. 매일 회원의 소리를 듣고
피드백을 준다. 장시간 앉아 있고, 계속해서 말로 설명해야 해서 에너지
소모가 크다.

세상에 뭐든 쉬운 건 없지만 보다 효율적으로 할 수 있는 일이 많다는
걸 깨닫는 계기가 되었다. 매일 같은 패턴 소리를 듣고 피드백을 녹음해
서 전송하는 일은 단순하면서도 에너지가 꽤 들어가는 일이긴 하다. 분
석하고 맞춤 솔루션을 줘야 하는 탓이다. 힘들지만 변화되는 회원의 소
리를 들으면 내 자존감도 같이 올라가는 것 같다. 육체적, 정신적 에너지
소모가 많은 보육교사로 일하며 들였던 시간이나 보수에 비하면 현재는
적게 일하고 더 많이 버는 셈이다.

또 다른 풍차 돌리기

책 쓰기 코치를 시작한 지 약 10개월이 지났다. 현재까지는 책 쓰기 코치로 버는 수입은 얼마 되지 않는다. 매월 1명만이라도 더 오면 좋겠다는 마음으로 일한다. 내가 운영하는 책 쓰기 글로다짓기의 1호 회원 윤미선 작가는 『오늘도 엄마 CEO는 인생 돌파 중』을 출간했다. 보람 있다. 어떻게 하면 회원에게 필요한 코치가 될 수 있을지, 좋은 정보를 주고 독려해 줄 수 있는지를 더 고민하게 된다. 반면, 회원 없이 공부하고, 연구만 주야장천 하게 되면 지치다 못해 그만두겠다는 생각이 들었다. 노력하고, 공부하는 만큼 더 단단해지는 시간은 되겠지만, 인풋만 계속하면 제풀에 꺾이고 말 것 같다. 아직 초보 책 쓰기 코치인 나는 인풋과 아웃풋이 원활하게 돌아가길 바란다. 회원도 늘고 수입도 늘면 좋겠다.

콘텐츠를 생산하고, 내가 배운 내용을 전달하는 지식 전달자가 되었다. 다양한 솔루션을 연구하며 더욱 빠르게 성장하도록 돕는 일을 한다. 돈을 버는 것 이상의 만족이다. 나도 성장하고 회원도 성장시킬 수 있다. 좋아하는 일을 한다고 해서 무조건 다 돈을 벌 수 있는 건 아닐 수도 있다. 그러나 좋아하는 일을 하고 꾸준히 노력할수록 돈이 따라온다는 말이 뭔지는 아주 조금 알 것 같다. 언제나 내가 맡은 건 내 사업처럼 일했다. 아직 실제 소득은 적지만, 그 이상으로 만족감이 높다.

월 천만 원의 소득을 만들겠다는 목표가 생겼다. 영어 소리 코치로도, 책 쓰기 코치로도 당장은 가능하지 않다. 가용시간 대비 할 수 있는 일은 정해져 있는 탓이다. 그러나 내 마음은 월 천만 원 버는 사람 같은 기분으로 일한다. 언젠가 그런 날도 오리라 기대해 본다. 요즘 SNS를 보면 월 천, 월 5천도 번다는 사람이 넘쳐난다. 그렇게 할 수 있었던 비결, 비법도 각자의 경험을 토대로 알려 준다. 성공의 왕도는 있다고 생각한다. 지름길도 있고 비결도 있을 거다. 그렇다고 해서 당장 내게는 어려운 터무니없는 큰 목표를 세우고 허풍을 떠는 건 옳지 않다. 현실적으로 가능한 것에 제한을 두기 시작하면, 절대 그 이상을 뛰어넘지 못한다. 당장은 불가능해 보일지라도 세운 목표를 향해 뚜벅뚜벅 걸어야 한다.

요즘 내 머릿속에는 사람들의 필요가 무엇인지, 내가 어떤 것을 더 할 수 있을지 고민이 가득하다. 고민이 키 한 자를 더할 수 없음을 잘 안다. 그저 내가 지금 열심히 걷고 있다면 때론 달리는 날도 올 것이다. 그저 지금 이 과정에서 가장 중요하다고 생각하는 것에 집중해 본다.

최고의 삶이란 지금 여기에서 할 수 있는 일에 집중하는 것이다. 오늘의 인생 계단 하나를 딛고 서서 할 수 있는 일 하나에 집중하면 된다.

더뎌도
나만의 속도로 걷는다

비록 다른 사람들보다 늦게 시작했더라도
중요한 것은 계속해서 나아가는 것입니다.
- 존 F. 케네디

유튜브를 전전하다 소리튠 영어를 만났다. 유튜브 광고를 보고 소리튠
서포터즈를 신청했다. 문고리 잡고 애태우는 마음이 전해졌는지 합격 메
일이 왔다. 메일을 확인하고 핸드폰을 든 채로 엉거주춤 춤췄다.

"아! 나 진짜 운 좋은 거 같아! 됐네? 열심히 해야지!"

합격 메일을 받고 남편에게 자랑하듯 보여줬다. 유튜브에서 소리튠 갓
주아 영어 콘텐츠를 본 후 '이거다!' 싶은 마음에 꾸준히 구독하고 있던
때였다. 서포터즈를 하면서 네이버 커뮤니티 카페에 과제 인증을 했다.
매일 들어가는 카페에는 다른 사람의 훈련 기록이 있었다. 동기들 영어

훈련 파일도 올라왔다. 여러 갖가지 영어와 관련된 소스들이 카페에 있었다. 카페를 클릭해서 들어가면 가장 윗줄에 진한 글씨로 '소리튠 지도자 과정 모집'이라고 적혀 있었다. 주기적으로 올라오는 지도자 모집 내용에는 이미 진행된 4기 회원의 후기가 적혀 있었다. 내용이 궁금해 후기와 모집 과정을 자세히 읽어보았다. 평범한 회사원도 있었고, 새로운 직업을 가지려고 도전한 사람도 있었다. 또한, 경력이 단절된 주부도 있었다. 읽는 동안 나도 도전하면 코치가 될 수 있을지도 모른다는 생각이 들었다.

할까 말까 망설여질 때는 하라

모집 요강을 보다가 훈련비용에서 턱 걸렸다. 결코, 만만한 금액이 아니었다. 목돈이 필요했다. 책 쓰기 수업을 신청할 당시에도 100만 원이 없어서 망설였는데, 몇 배의 금액이라니 기함했다. 나는 당연히 언감생심 할 수 없다고 단정 지었다. 그저 4기부터 8기까지 진행되는 동안 후기 구경만 할 뿐이었다. 못 먹는 감 찔러보기도 어려웠다. 포기했다. '그럼 그렇지, 내 주제에 무슨 영어코치를 하겠나?' 싶은 생각만 들었다.

한 달 무료 체험이 끝났고, 서포터즈에게 일반 커리큘럼 50% 할인 쿠폰이 제공됐다. 이런 기회는 놓칠 수 없어 바로 결재했다. 1:1 코칭 시스템도 따로 신청할 수 있었지만, 코치가 될 것도 아니고, 뭐 굳이 돈 내고 코칭까지 받나 싶었다. 서포터즈 할 때 주아 선생님이 화상으로 지도해주었던 교육 내용을 바탕으로 혼자 훈련하겠다고 마음먹었다. 홈페이지 영상을 보고 한 달 훈련해 본 결과, 이대로 혼자서 5단계까지 가기에는 무리라는 판단이 섰다. 훈련해도 도통 실력이 느는지 확인할 수가 없었다. 결국, 유료 1:1 코칭을 신청했다. 코치의 섬세한 피드백을 받을 수 있었다. 훈련이 재밌었고, 할수록 성장하는 걸 느꼈다. 5개월간 하루도 빠짐없이 훈련했다. 인터넷이 안 될 때는 교재로 훈련했다. 그렇게 홈페이지 한 바퀴 다 돌고 커리큘럼을 마칠 때쯤이었다. 오랜만에 들어간 카페에서는 다시 지도자 과정 9기 모집 중이었다.

가능성은 내가 만드는 것이다

"내가, 이 지도자 과정에 관심을 가진 게 벌써 5개월 전이거든? 근데 이 과정 들으면 내 직업으로 만들 수 있을 것 같아. 프리랜서로 일할 수 있을 것 같은데, 돈이, 아무래도 무리겠지?"

남편에게 푸념하듯 말을 건넸다.

"진짜 하고 싶어? 시작하면 코치 될 수 있을 거 같아? 들인 돈 다 뽑을 수 있을 것 같아?"
남편은 되물었다. 그리고 이어서 말했다.

"그럼 해. 내가 돈 만들어 줄게."

무슨 은행도 아니고, 돈 없는 거 뻔히 다 아는데 대체 어디서 돈을 만들어 주겠다는 건지. 배짱만 두둑해 보였다.

"아, 바람 넣지 말고, 현실 가능성 없는 말 좀 그만해. 그냥 안 될 줄 알면서 말해 본 거야. 됐어. 내가 무슨. 우리 형편에 가당키나 한가. 그냥, 그냥 그렇다고…."

아쉽긴 해도 그리 말이라도 하면 좀 나을 것 같았다. 그러나 말로 뱉고 나니 더 하고 싶어졌다. 남편은 나에게 100만 원을 만들어보라고 했다. 그리고 본인이 나머지 돈을 만들겠다고 말이다. 당시 나는 취미로 시작했던 디지털 드로잉으로 작게나마 온라인 수업 진행 중이었다. 덕분에 큰돈은 아니지만 조금씩 모아둔 게 있었다. 그렇게 약 2주에 걸쳐 나는 100만 원을 준비했고, 남편은 나머지 금액을 준비해 줬다. 책 쓰기 수업을 신청했을 때처럼 남편은 이번에도 신용으로 대출을 받았다. 넉넉지 않은 형편에도 늘 그렇게 지지해 주는 남편 덕분에 시작할 수 있었다. 기필코 빠른 기간 안에 합격해야 했다. 대출을 갚기 위해서라도 말이다.

지도자 과정에 입과해 처음부터 다시 훈련했다. 이미 다 훈련해서 알고 있다고 생각한 내용이었다. 주아 선생님과 전문코치 한 명이 붙어서 집중적으로 지도했다. 지금까지 잘해 온 줄 알았는데, 일반 회원일 때와 지도자 과정은 달랐다. 무차별적인 피드백이 날마다 쏟아졌다. 잘했다고 생각해서 보낸 파일은 "이거 아니에요. 이렇게 해보세요."라는 메시지로 쌓였다. 하라는 대로 해도 생각만큼 되지 않았다. 이러다 지도자 과정 통과 못 하는 거 아닐까 싶을 정도였다. 처음 시작한 과정이었다면 덜 좌절했을까, 이미 한 바퀴 돌고 반복하는 훈련인데도 기대만큼 빠른 성장이 보이지 않는 느낌이었다.

급기야 나만 안 되나? 내 소리가 별론가? 주아 선생님은 내 소리가 맘에 안 드나? 싶은 생각까지 들었다. 잘못했다는 피드백이 올까 봐 파일을 열 때마다 두근거렸다. 같이 시작한 동기 중에 가장 먼저 코치에 합격한 사람이 있었다. 같이 시작했으니 나도 곧 합격하겠다는 기대가 생겼지만, 김칫국이었다. 이 과정에서도 비교의식이 나를 자꾸 짓눌렀다. 내 실력을 비하하게 되고 마음이 조급해졌다. 인턴 과정은 기본 4주였는데, 나는 무려 2개월 지나서야 코치 시험에 합격할 수 있었다.

꿈을 이룰 수 있는 비결

소리튠 서포터즈를 시작한 지 1년 만에 인턴 과정을 마치고 코치 타이틀을 얻었다. 그렇게 '소리튠 공식 코치'가 되었다. 올해가 코치 3년 차다. 회원 소리를 듣고 C(Compliment) P(Problem) S(Solution)의 순서로 피드백을 만든다. 가장 먼저 해야 하는 일이 진단이다. 진단이 잘못되면 생사람 잡을 수도 있기 때문이다. 적절한 솔루션이 제공되기 위해서는 문제점 진단을 잘해야 한다.

코치가 되고서도 처음에는 진단을 제대로 한 건지 알 수가 없었다. 좌충우돌 계속 소리 훈련도 게을리하지 않았다. 동료 코치와 소규모 스터디 모임을 만들어 매일 회원 소리를 교류하고 사례를 공유하면서 훈련했다. 인턴 때처럼 밴드에서 매일 다양한 소리를 닥치는 대로 듣고 피드백을 줬다. 한 달 한 달 지나면서 회원을 2명에서 5명으로 늘리고, 8명으로 늘렸다. 20명에서 점점 늘려 40명 가까이 되었다. 할 수 있는 만큼 계속 받아서 했다. 코치 중 최다회원, 최대 재등록률을 만들어냈다. 돈을 벌 수 있어서도 좋았지만, 받는 돈 이상으로 최선을 다해서 회원 소리를 듣고 피드백 줬다. 소리 코칭만 하는 게 아니라 회원과의 관계 형성도 잘되어 자신의 문제나 고민을 상담하는 회원도 있었다.

 "코치님, 영어 소리 코칭 받으러 왔는데 인생 코칭 받는 기분도 들어요."
 "저도 코치님 같은 코치 되는 게 목표에요."

 실제로 나에게 코칭 받고 지도자 과정을 수료한 코치도 여러 명 생겼다. 세운 목표를 달성할 수 있도록 안내해 주고 도와준다. 성장하고 싶어 매일 훈련하지만, 속도가 더뎌 지치고 포기하고 싶을 때마다 잡아주는 역할을 해준다. 누군가의 성장을 매일 볼 수 있는 직업이다. 꿈을 지지해 주고 동기부여 해준다. 앞에서 끌어주고 뒤에서 밀어준다. 잘했다며 칭찬하고, 힘내라 등 두드려준다.

 불현듯 생각난다. 고등부 시절, 교회 선생님 중에 나이 마흔에 제2의 직업으로 영어 교사가 된 분이 있었다. 그분을 보며 사람은 나이를 먹고도 전혀 다른 분야의 직업을 가질 수 있다는 걸 알았다. 당시 나에게는 그 사실이 무척 충격적이게 다가왔다. 그 계기로 나도 언젠가 영어를 가르치는 교사가 되고 싶다는 생각을 아주 잠시 했었다. 잊고 있었다. 정확히 말하면 지금 코치 일은 영어 교사는 아니다. 영어 소리, 발성 전문이기 때문이다. 그러나 그들을 도우려는 만큼 나도 함께 성장하며 영어 지식의 폭을 넓혀가고 있다. 영어라는 공통점 아래 꿈은 이루어졌다. 계속해서 성장하기 위해 훈련한다. 꿈은 이루어지라고 있는 게 맞나 보다. 언제 꿈꿨든 마음에 심어 둔 꿈은 언제고 이룰 수 있다고 본다. 목표를 세우고 이루기 위해 노력한다면 이루지 못할 일이 없다.

어느 날, 유튜브에서 80세 할머니의 인터뷰를 보게 되었다.
"내가 원하는 건 평생 살면서 언젠간 이루어지게 되어 있어. 너무 조급하게 생각하지 마."

할머니 말을 들으면서 고개를 끄덕였다. 다만, 내가 어떤 방향과 속도로 뛰느냐에 따라 도착하는 시간이 달라질 뿐이다. 성장하지 않는 인생은 얼마나 지루할까 싶다. 실패하고 더딘 속도로 가는 것 같지만 꾸준히 노력하면 그 과정에서 의미와 가치를 찾아 나만의 길을 만들어 갈 수 있다.

인생의 **경험**과 **지식**을
하나로 엮는 방법

> 완벽은 목표가 아니라 여정의 일부이다.
> 중요한 것은 발전하고 성장하는 과정이다.
> - 애너 랜드

책 쓰기가 이렇게 어려웠던가. 분명히 배웠다. 어떤 것도 글감이 될 수 있다고 말이다. 책은 쓰고 싶은데 무슨 이야기로 책을 써야 할지 고민만 한참이었다. 첫 번째 책인 『삼 남매와 남아공 서바이벌』은 반드시 쓰고 말겠다는 마음으로 벼르고 시작했다. 죽이 되든 밥이 되든 일단 썼다. 목차 기획이 끝나자마자 3개월 만에 초고 집필을 마쳤다. 출간계약과 동시에 두 번째 책을 집필하겠다고 다짐했다. 출간계약을 마치고 바로 공저 기회가 있었다. 기회는 왔을 때 잡아야 한다는 생각으로 참여했다. 이보다 좋게 물어다 주는 먹이가 어디 있을까. 기획이 제일 어려운데 자이언트 북 컨설팅의 이은대 대표는 공저 기획을 다 해주었다. 공저는 정해진 주제에 맞는 글을 쓰기만 하면 됐다. 잠시 미룬 개인 저서 집필이 1년 반이 될 줄 몰랐다.

작가가 되어도 쓰기는 대충할 수 없다

출간하고 좋았던 점은 사람들이 나를 '작가님'이라고 부르는 거였다. 스스로 큰일을 해낸 성취감도 좋았지만, 새로운 호칭에 자부심이 생겼다. 쑥스러우면서도 기분이 좋았다. 매일 글 쓰는 사람이 작가라는데 '작가'라는 호칭을 지키기 위해서라도 글을 써야 했다. 한동안은 저자 특강도 하고, 책 사서 인증하는 사람들 후기를 받으며 작가의 기분을 만끽했다. 매일 글은 쓰지도 않고 말이다. 책 한 권 썼다지만, 단 한 권으로 '작가'라 인정받기에는 실력이 부족하다고 생각했다. 잘 쓰든 못 쓰든 글을 써야 했다. 브런치 작가로서도 플랫폼에 간간이 글을 썼다.

책 쓰기는 누구나 할 수 있다. 그러나 만만히 볼 일은 아니다. 매일 1꼭지 써서 40꼭지를 완성하면 책이 나온다. 말처럼 쉬우면 얼마나 좋을까, 3년 넘도록 거의 매일 글을 쓰는 나도 책 40꼭지를 단숨에 적어 내려가기란 어려운 일이다. 그저 내 마음을 토로하는 일기가 아닌, 메시지를 담아야 하는 '책'이기 때문이다. 아무튼, 여러 가지 상황 핑계로 개인 저서 집필을 미뤘다. '마음은 원이로되 육신이 약하다'는 말을 이럴 때 쓰는 건가 보다. 책 쓰겠다며 나름의 예상 제목도 몇 가지 적었다. 들어갈 내용도 정리해 봤다. 머릿속으로는 충분히 책 한 권 쓰고도 남겠다고 생각했는데 막상 펜을 들고 적어 내려가다 보니 막히기 시작했다.

'인간관계? 흠. 많은 경험을 했지만, 아직 책 쓰기엔 역부족이야.'

'책 쓰기 방법? 흠. 이것도 좀 더 노하우를 쌓은 다음에'

'육아? 아, 애들 어릴 때 기록 좀 잘해 놓을걸! 일기라도 쓸 걸 그랬나. 삼 남매 키우면서 별일을 다 겪었는데 왜 쓰려고 하니까 생각이 안 나지?'

'습관을 지속하는 방법? 아, 내가 제대로 습관을 지속하는 게 40가지는 안 되는데.'

이렇게 해서 어느 세월에 책 쓰겠나 싶었다. 개인 저서 한 권, 공저 네 권, 전자책 두 권을 쓴 작가가 두 번째 개인 저서 집필에 앞서 골머리를 썩었다. 뭐 하나 하려면 막히는 것투성이었다. 역시 적다가 그냥 덮어두기만 했다. 책 쓰기 코치를 시작하고 이제는 도저히 안 되겠다 싶었다. 뭐라도 써야겠다는 생각이었다. 그러다 문득 생각이 스쳤다.

영향력 있는 삶이 된다는 것

나는 대체 왜 책을 쓰고 싶지? '작가'라는 이름에 맞게 살고 싶어서? 아니면 무조건 책을 많이 내고 싶어서? 솔직하게 말하면 둘 다 맞다. 쓰는 삶을 살기로 했으니까 써야 한다. SNS로는 만족이 안 되고 종이책으로 엮고 싶다. 더 깊은 마음에는 좋은 글을 써서 사람들에게 '영향력 있는 사람'이 되고 싶다는 마음이 더 크다. 첫 번째 책 『삼 남매와 남아공 서바이벌』을 출간하고 책을 읽은 주변 사람들이 내게 말했다.

"이 책을 읽고 저, 그동안 미뤘던 일 시작했어요!"

"어쩜 제 마음이랑 이렇게 비슷한지 책 읽고 위로받았어요. 그리고 동기부여가 됐습니다."

"저랑 같은 상황이었는데, 작가님은 하셨고 저는 하지 않았네요. 지금이라도 해야겠어요!"

"저, 할까 하지 말까 고민하던 일 도전해서 자격증 땄어요!"

비슷한 부류의 말이 꽤 들렸다. 또 최근에는 지난 공저 『뻔한 인생에서 나 찾기』(위드쓰리맘으로 기재)를 읽은 후, 읽고 쓰는 삶을 살고 싶다고 말한 분도 있었다. 디지털 드로잉과 일기 쓰기에 도전했다며 말이다. 또 다른 분은 공저 『쓰면 달라진다』를 읽고 글 쓰는 삶을 살겠다고 다짐한 분도 있었다. 내년쯤 시작하겠다던 책 쓰기를 올해 해보겠다고 결단한 거다.

"이거 제가 미룬다고 될 일이 아니었어요. 지금 시작해야겠습니다."

내가 쓴 책을 읽고 삶에 적용하거나 마음가짐과 태도를 달리했다는 말이 들려올 때는 계속 책을 써야겠다는 마음이 부추겨졌다. 내가 쓴 책에 그은 밑줄과 공감한 메모의 흔적을 블로그와 인스타그램에서 봤다. 그때의 기분은 뜨거운 무언가가 배에서부터 턱밑까지 차오르는 느낌이었다. 나도 누군가에게 글로 힘을 주는 사람이다. 그래서 계속해서 쓰고 싶다.

완벽이 전부는 아니다

게으른 완벽주의자라는 말이 있다. 완벽한데 게으르다? 뭔가 앞뒤가 안 맞는다. 이 경우 완벽하게 일 처리 하지 않을 거면 안 하겠다는 마음으로 차일피일 미루다가 결국은 못 하게 되는 경우를 맞이한다. 나 자신을 완벽주의자라고 칭했다. 게으름과는 전혀 관계가 없다고 생각했고, 나는 게으르지 않다고 믿어왔다. 적어도 나는 해야 하는 일은 다 해내고야 마니까, 게으름 피우는 스타일은 아니라고 말이다. 그러나, 책 쓰기를 차일피일 미루던 내 마음은 딱 게으른 완벽한 완벽주의자였다. 내가 쓴 책을 통해 누군가는 미루던 일을 시작하게 만들어 놓고, 정작 나는 미루고만 있었다.

나름의 소재 부족이라는 핑계는 좋았다. 완벽을 추구하는 게 나쁘다는 것은 아니다. 무언가 완성도 높게 만들고자 하는 마음이 큰 탓이다. 뭐든 하면 "잘"해야 한다는 생각 탓에 스스로 옥죌 때가 있다. 심하면 이 정도 일도 못 해내는 '바보'라고까지 치달았던 때도 있었다. 자존감을 스스로 떨어뜨리는 행위 말이다. 너무 잘하려는 마음을 내려놓기로 했다. 일단 쓰고 보자. 천천히 고쳐나가 보자며 마음을 바로잡았다. 그리고 적기 시작했다.

책 쓰기의 시작은 목차 구성이 아니다. 자, 목차 나왔다. 초고 집필 시작! 나 지금부터 글 쓴다! 나는 지금부터 작가 모드다! 하고 스위치를 켜는 게 아니다. 질문에서 시작해야 한다.

먼저 내가 무슨 말을 하고 싶은지 물어야 한다. 그 질문을 끄적이며 적어보는 게 시작이다. 쭉 적어 내려가다 보니, 하고 싶은 말의 가닥이 보였다. 매일 끄적이는 거다. 메모하며 글감을 비축하듯 매일 짧게 혹은 길게 쓰면서 끄적이고 있다.

수시로 책을 읽는다. 글 쓰다 막히면 책을 읽는다. 강원국 작가도 정문정 작가도 또 다른 작가도 글 쓰다 막히면 책을 읽는다고 했다. 책을 읽다 보면 막혔던 글의 통로가 뚫린다고 말이다. 나도 경험했다. 원고 집필도 매일 쓰는 한 편의 글도 쓰다가 막히면 접어 두곤 한다. 그러고는 책을 펼친다. 그럼 신기하게도 전혀 다른 책의 내용에서 갑자기 아하! 를 외치고 다시 글을 펼친다. 이래서 나의 글쓰기 스승인 이은대 대표가 그토록 책을 읽으라고 목청을 높이나 싶다.

책을 쓰는 행위는 생각만 풀어 놓는 게 아니라서 더 어렵게 느껴진다. 독자에게 내 경험을 통해 얻은 교훈과 도전 혹은 삶의 지혜를 몽땅 털어 넣어 하나의 일관된 메시지를 전달해야 하기 때문이다. 경험이 많아서 책을 잘 쓸 수 있는 것도 아니며, 지식이 많아서 책을 잘 쓸 수 있는 것도 아니란 걸 알게 됐다. 경험과 지식을 잘 버무려 하나의 메시지로 잘 엮어야 한다. 거창하고 멋지게 플레이팅된 요리면 더할 나위 없이 좋겠지만, 그것만이 완벽한 것은 아니다. 소박하면서도 맛있는 요리도 얼마든지 많다. 그저 내 스타일과 내 입맛에 맞는 요리면 충분하다.

완벽은 실행에 있어서 가장 큰 적이다. 작가로서도 책 쓰기 코치로서도 그저 내가 살면서 만난 모든 순간을 기록함으로 이 기록을 발판 삼아 더 나은 내일을 살아가게 되는 과정, 그게 바로 성장이 아닌가 싶다.

⑧

변화를 일으키는
사람을 꿈꾸라

세상이 찾는 사람이 되어라.
그러면 세상이 그대에게 선물을 줄 것이다.
- 랄프 왈도 에머슨

막연하지만 꿈을 꾸는 시간

오래전부터 막연하게 가지고 싶은 직업이 있었다. 바로 '강사'이다. 인기 강사를 볼 때마다 나도 저런 영향력 있는 사람이 되고 싶다고 생각했다. TV에서 본 김미경 강사, 김창옥 강사는 하는 말마다 어쩜 그렇게 맞는 말만 하는지 자극이 됐다. 다른 사람에게 내 생각과 마음을 전달하는 일이 어렵지는 않지만, 앞에 나가서 많은 사람 앞에서 강의하는 일은 내게도 쉽지만은 않은 일이었다. 그렇지만 내 안에서는 소원하고 있었다. 사람들 앞에서 지식을 전달하고 동기부여 하는 기회가 과연 나에게는 오기나 할지 상상만 했다.

편입학으로 숭실사이버대학에서 상담심리학을 공부했다. 그때 처음 본 이호선 교수는 재치와 지성이 넘치는 모습이었다. 수업 들을 때마다 웃느라 시간의 절반이 지나갔다. 몇 년이 지난 후, 어느 날 유튜브를 보는데 이호선 교수가 나와 인간관계 주제로 강연하고 있었다. 교수, 강사로 활동하며 사람들에게 지식뿐 아니라 꿈과 희망도 실어 주는 사람으로 보였다. 내 모습을 반추했다. 공부했던 사회복지와 상담, 보육교사로 일하며 부모 상담했던 모든 일을 한데로 묶었다. 나도 좀 더 공부하면 상담사로, 강사로 일할 수 있지 않을지, 막연한 기대를 품었다.

온라인 활동을 시작하고 보니, 전혀 다른 분야의 일을 하다가 새로 배운 것을 가르치는 온라인 강사가 늘어났다. 미리 캔버스, 캔바 등 온라인 홍보와 관련된 프로그램 활용법을 가르쳤다. 마인드맵, 3P 바인더, 싱크와이즈, 디지털드로잉 앱, 이모티콘, 유튜브, 블로그 등 취미 및 자기 계발에 관심 두는 사람이 늘면서 강사도 동시에 늘어났다. 팬데믹 이후 온라인 세상이 급하게 변화했고, 신문물이 등장할 때마다 자기가 배운 걸 나눠주겠다며 무료나 유료 강의가 늘어났다. 전문가가 아님에도 '초보가 왕초보 가르치기'와 같은 무료 강좌를 여는 사람이 빠르게 성장하는 모습이 보였다. 나도 그 반열에 끼어 취미로 시작했던 디지털 드로잉을 가지고 튜터로 활동했다. 그러면서 또 다른 분야에서 전문가로서 지식을 전달하고 동기 부여해주며 살고 싶다는 마음이 꾸물거리기 시작했다.

책 쓰기 강의를 듣고 출간한 후, 주변에 책 쓰기 강사로 활동하는 사람이 보였다. 한 권만 출간하고도 사람을 모집해서 강의를 열고 본인도 계속해서 책을 쓴다며 SNS에 홍보했다. 그 모습을 보면서 한 권이든 두 권이든 먼저 시작하는 사람이 성장할 수 있겠다고 생각했다. 나는 나중에 책 다섯 권 정도 낸 후에나 자신 있게 책 쓰기 강사를 시작해 보겠다는 꿈을 꿨다. 그렇게 매일 글 쓰고 매주 강의 듣고 공저가 있으면 참여하면서 일상 이야기로 글 쓰는 삶을 살고 있었다.

변화를 일으키는 시도

한동안 남아공의 전기 사정이 극도로 안 좋았었다. 하루 많게는 10시간까지 정전이 되었고, 대중없이 진행됐다. 일상생활에 방해받기 시작했다. 온라인 활동도 최소화해 급한 일만 했다. 주로 영어 코칭 위주로 시간을 썼다. 해오던 그림일기, 말씀 맵, 크로키 챌린지도 하나둘 내려놓기 시작했다. 급기야 매주 2회 있는 글쓰기 수업에도 들어가지 않았다. 인터넷 데이터는 돈 주고 살 수 있지만, 전기는 어쩔 도리가 없었다. 데이터를 사면 스마트폰으로 접속할 수 있었지만, 데이터 구매비용도 저렴하지 않고 안정적이지 않은 환경을 핑계 대면서 행동반경을 줄여나갔다. 점점 함께하는 각 커뮤니티에서 무슨 일이 일어나는지 알 수 없었다. 특강, 전자책 강의 등 모임이 언제 열리는지도 관심 밖이었다. 기회가 되면 하리라 마음먹고 영어코치에 더 많은 시간을 들였다.

어느 날 정신을 좀 차려 볼까 싶어 잔뜩 메시지가 쌓인 오픈 채팅방을 열었다. 글쓰기 문장 수업 채팅방이었다. 상단 공지에 '라이팅 코치 양성 과정 설명회'라는 글자가 눈에 들어왔다. 안내를 듣지도 못했을 뿐 아니라 아무 생각 없던 터라 놀란 마음에 안내 사항을 읽었다. 아무런 배경 지식도 없이 '설명회'라는 단어에 일단 들어보자는 마음으로 구글 폼을 작성해서 제출했다. 설명회 당일이 되어 줌에 접속했다. 진지하게 시작된 설명회를 들으며 안내 사항을 하나씩 메모했다. '자이언트 라이팅 코치 평생회원', '4월 등록자 50% 할인', '100% 출간 약속', '든든한 뒷배 이은대 작가'. 네 가지의 카테고리가 머리 위로 날아다녔다.

"해야겠다. 그런데 너무 비싸다…. 어쩌지."

처음 자이언트에 발 들였을 때도 무료 특강 들은 이후로 몇 주간 어떻게든 해야겠다는 생각만 들었다. 남편과 상의해야 했다. 이틀간 말을 어떻게 꺼내야 하는지 고민하며 기회를 엿봤다. 당시 며칠간 약간의 냉전 중이었기에 말 꺼내기가 좀처럼 쉽지 않았다. 식탁에 마주 앉았을 때 넌지시 이야기를 꺼냈다.

"내가, 며칠 전에 들었던 강의가 라이팅 코치 설명회거든…?"
말이 끝나기도 전에 남편은 내게 물었다.
"그래서? 하고 싶어?"

책 쓰기 코치를 하려고 영어 소리 코치하면서 돈 벌었나 싶었다. 언제나 그렇듯 인생은 타이밍이라는 게 있는지, 벌어 둔 돈과 남편의 도움(또 대출)을 받아 등록했다. 〈프로듀스유어라이프〉라는 이름으로 사업자를 냈다. 〈글로다짓기〉 이름을 특허 등록했다. 나는 사업의 '사'자도 모른다. 이 시작이 개인 사업의 시작이라고 전혀 생각을 못 했다. 그저 프리랜서로 강의하면서 내 브랜드를 구축해 가면 되지 않나 생각할 정도로 어리숙했다. 수업을 다 듣고 개강을 준비하기 직전까지도 브랜드를 내는 것도, 개인사업자로 등록해야 한다는 것조차도 생각하지 못했다. 하나둘 해결해야 할 일에 부딪히자, 정신이 산란해졌다. 처음 하는 일에 신경이 극도로 예민해졌다. 급기야 피부에 문제가 생겼고, 머리카락도 평소보다 더 빠지는 것 같았다.

성장을 위한 시간의 축적

하나둘 배워가면서 채워가는 중이다. 시작은 늘 망설여진다. 뭐든 시작하면 시간은 흐르기 마련이다. 책 쓰기와 사업에 관해 계속 배우며 내 것으로 소화해 무료 특강을 준비하고, 정규과정을 준비했다. 벌써 10번째 무료 특강을 마쳤고, 정규과정 온라인 10기가 진행 중이다. 첫 수업을 시작할 때 무척 두려웠다. 아직도 '언젠간 할 수 있겠지'라고 생각하고 준비'만'하고 있다면 아마도 오늘은 없었을 거다.

시작은 미약했다. 첫 달 정규 수업에 운 좋게 1호 회원이 들어왔고, 수업을 진행할 수 있었다. 2호, 3호, 4호 회원까지 들어왔다. 매월 수업을 진행하기에 신규 회원이 없는 달에도 계속 강의한다. 첫술에 배부를 수 없고 하루아침에 묘목의 키가 대나무만큼 자랄 수 없는 걸 잘 안다. 꾸준한 노력이 성장을 이루고, 성장을 통해 더 나은 나를 만들어간다.

　책 쓰기 코치로 끊임없이 공부하고 연구해야 한다. 이미 나보다 저 멀리 앞서가며 많은 회원을 보유하고 당당하게 군집을 이루어 가는 사람이 보인다. 신규 회원이 들어왔다는 말을 들을 때마다 자극받는다. 또 누군가는 먼저 시작한 나를 보며 자극받고 따라올 거다. 그 어느 분야에서도 앞선 사람이 평생 앞서 달리고, 늦은 삶이 평생 늦게 오리란 보장은 없다. 그저 묵묵히 꾸준히 최선을 다해 시간을 쌓아가면 된다고 생각한다.

쓰면 달라진다

　책 쓰기 코치 15인과 함께 쓴 공저 『쓰면 달라진다』에도 기록했지만, 글을 쓰고 난 후 내 삶이 달라졌다. 글 쓰고 책 낸다고 삶이 갑자기 180도 변한 건 아니었다. 그저 계속 쓰겠다고 다짐했고 부족하지만, 꾸준히 글을 쓰고 있다. 그렇게 켜켜이 누적시켜 온 시간과 책 쓰기 코칭 양성 과정을 통해 서서히 삶이 달라졌다. 그러니까 글을 쓰고 삶이 달라지고 직업이 달라졌다. 책을 쓰고 싶은데 어떻게 시작해야 할지 모르는 사람에게 방법을 제시한다.

　나의 1호 회원이자 출간 1호 작가인 윤미선 작가는 버킷리스트 목록에 '죽기 전 책 출간하기' 목록을 적었다고 했다. 나와 만나 언제 이뤄질지 몰랐던 꿈을 당겼다. 『오늘도 엄마 CEO는 인생 돌파 중』을 집필해 책을 읽은 사람들은 동기부여와 희망을 얻었다고 한다. 2024년에는 책 쓰기 도전해 보겠다고 했던 문혜진 작가도 초고 집필 중이다. 자신의 이야기와 가족 이야기를 글로 쓰고 싶다던 원성욱 작가도 초고 집필 중이다. 언젠가는 꼭 자기 이야기를 쓰겠다는 이유경 작가도 전자책 한 권을 쓰고 종이책 기획 단계에 있다.

무료 특강에 참여한 사람들이 강의 듣고 난 후 글을 쓴다. 〈글로다짓기〉 카페 커뮤니티를 만들어 혼자 글쓰기 힘든 사람들을 독려하며 매일 글을 쓰고 있다. 도움이 필요한 사람에게 도움을 주고, 공부한 지식을 전달할 수 있다는 자체만으로도 이미 오래전부터 꿈꿨던 일이 현실이 되었다.

"최주선 작가님은 그 누구도 쓰게 만드는 사람이다."

함께하는 글쓰기 챌린지를 하는 멤버가 내게 해 준 말이다.
나는 책 쓰기 코치이자 동기부여 강사다.

2장

마음먹은 대로 인생을 사는 법

①

오늘 내가 무엇을 하느냐가 내일을 결정한다

> 당신은 당신이 되기를 희망한다면,
> 당신은 항상 더 나은 선택을 할 수 있습니다.
> - 오프라 윈프리

나는 예전부터 하고 싶은 게 많았다. 경험 부자인 사람을 보면 지금도 마냥 부럽다. 내가 생각하는 경험 부자는 할 줄 아는 게 많은 사람이기도 하다. 마음먹었다면 일단 다 해봐야 직성이 풀리는 사람이 경험 부자가 된다. 나도 자라면서 이것저것 많은 경험을 했다. 엄마 덕이었다. 엄마는 나에게 악기, 무용, 운동, 예체능 쪽으로 많은 경험을 시켜 주고자 했다. 비록 전문적으로 끝까지 못 끝낸 일도 많지만, 많은 경험이 내 인생의 큰 자양분이 되었다.

원하는 것을 쟁취하기 위한 노력

스스로 쟁취해서 얻어냈던 첫 번째 경험은 고등학교 때였다. 학교에는 열 명의 소수정예 팀으로 꾸려진 중창단이 있었다. '보배 중창단'이었다. 열 명의 팀원이 각각 신디사이저, 만돌린(두 명), 우쿨렐레(두 명), 크로마하프, 봉고와 타악기, 아코디언, 전자기타, 베이스 기타를 들고 노래하며 안무하는 중창단이다. 단복을 입고 무대 위에서 노래하고 율동하는 단원의 모습이 천사 같아 보였다. 신입생 모집 오디션이 공고가 났다. 합격을 목표로 연습 계획을 세웠다. 아직도 기억난다. 당시 고등학교 입학한 지 얼마 지나지 않은 학기 초였다. 오디션 날까지 틈날 때마다 〈주님 큰 영광 받으소서〉 찬양을 피아노 치며 목청 터지라 불렀다.

오디션 당일, 심사가 끝난 후 각 악기 자리 선배가 본인이 원하는 사람을 즉석에서 선택했다. 순서가 모두 끝나가는데도 나는 뽑히지 않았다. '나는 떨어지겠구나!' 생각하던 찰나, 선배가 나에게 걸어와 내 손을 잡아 끌었다. 멤버 발탁 중 내가 제일 마지막이었다. 다른 친구와 최종에서 둘이 남았는데 선배가 고민했던 이유는 내 외모 때문이었다. 아예 대놓고 키가 작아서 고민했다고 말했다. 작은 키가 원망스러웠지만, 결국 합격이었다.

3년간 중창 단원으로 많은 교회, 교도소, 동창회에 공연하러 다녔다. 내가 맡았던 악기는 우쿨렐레와 탬버린이었다. 그때 배워둔 악기 덕에 남아공에 와서 현지 아이들 악기 교육하는 데 사용할 수 있었다. 지금까지 두고두고 하는 이야기는, 당시 어디서 그런 용기가 나왔는지 모르겠다는 것이다. 수줍음 많아 앞에 나서기를 꺼렸던 나였다. 이 모든 게 원하는 것을 얻고 말겠다는 간절한 의지에서 비롯되었다. 안 될 수도 있겠지만, '될 수도 있다'라는 가능성을 열어두고 도전했다. 그렇게 원했던 것을 얻었지만, 3년간 마냥 행복하지만은 않았다. 정해진 등교 시간보다 일찍 학교에 가야 했고, 쉬는 시간과 방과 후까지도 연습 시간으로 모두 할애해야 했다. 선배들한테 불려가서 고개 숙이고 혼나기 일쑤였고, 자존심 상하는 일도 한두 번이 아니었다. 그때 처음 알았다. 모든 일에는 책임이 따르며, 무대에서 보이는 화려한 모습 뒤에는 피나는 훈련과 노력이 있다는 사실을 말이다.

포기도 선택도 모두 내 몫이다

보육교사로 일하던 20대 초반이었다. 친한 친구 몇 명이 유럽 배낭여행을 계획했다. 당시 휴가를 낼 수 있는 기간도 아니었고, 여행에 들일 경비를 생각하니 엄두가 나질 않았다. 마음만은 이미 여행지에 가 있을 정도였다. 그렇다고 휴가를 신청할 배짱도, 교사를 그만두고 여행을 떠날 요량도 없었다. 어쩔 수 없다고 말한들, 내 선택이었다. 여행지에서 들려오는 소식을 들으며 속이 쓰렸다. 그렇게 아쉬울 수가 없었다. 배낭을 짊어지고 혈혈단신 혈기 왕성할 때 갈 수 있는 마지막 배낭여행의 기회 같았다. 실제로 그게 나의 마지막 기회였다. 상황과 환경에 치여서 스스로 포기한 경험이었다.

사회복지학 공부를 할 때 언어 치료학에 관심이 있었다. 사회복지를 공부해 보니 특수교육을 접할 일이 잦았다. 장애 아동이나 정신 보건에 관한 과목을 들으면서 사회복지 안에 갈래가 많다는 걸 알게 되었다. 언어 치료학에 관심이 생겨 방학 때마다 연수를 받기 위해 전공 외 과목으로 공부했다. 서울에서 대구대학교까지 갔다. 회차마다 2주 동안 연수를 받았다. 과정 수료를 위해 왕십리에 있는 '조양호 언어센터'를 찾아가 참관도 했다. 사회복지학의 필수 과정이 아니었음에도 그저 내 관심사로 열심을 냈다. 정확히 기억나지 않지만 거의 400시간 가까운 수업을 모두 이수했다.

시험 당일 교회 수련회 참석 중이었다. 둘째 날, 시험일과 겹쳐서 아침 일찍 나올 계획이었다. 수련회 장소부터 시험장까지 거리가 꽤 멀었다. 혼자 빠져나오려니 아쉽고, 귀찮은 마음도 살짝 들었다. 때마침, 친구 J는 가지 말고 다음 시험을 보라며 나를 꼬드겼다. 지금 생각해 보면 말도 안 되는 제안이다. 나는 왜 넘어갔을까? 결국, 당일 시험을 포기했다. 누가 들어도 왜 그랬냐고 혀를 찰 것 같다. 기회를 날린 바보 머저리 같다. 그러나저러나 그 또한 내 선택이었다. 그다음 시험은 신청할 수 없었다. 바로 취업했던 탓이다. 시간을 좀처럼 맞출 수 없었다. 아마도 그 당시 언어 치료학 자격시험을 봐서 합격했다면, 지금 그 관련 일을 하고 있지 않을지 때때로 아쉬운 마음이 찾아든다.

마음의 소원을 이루는 공부
글쓰기 공부와 영어 소리 코치를 하고 나서 언어학, 언어 치료학, 음성학 공부를 하고 싶다는 마음이 생겼다. 열심히 인터넷 검색을 해봤지만,

남아프리카에서는 다른 방도가 없다. 온라인 과정을 찾기도 쉽지 않다. 현지에서 다니려 해도 비자가 문제다. 수업을 이수해도 채워야 하는 시간이나 실습이 문제가 될 테니, 지금은 당장은 깊게 고려하지 않기로 했다.

13년 전, 첫째 별이 돌잔치 며칠 후 둘째 다엘이 생긴 걸 알았다. 전혀 예상치 못했다. 이제 아이가 이유식에서 일반식으로 넘어오기도 하고 좀 덜 힘들어지나 기대했는데, 몸과 마음이 두 배로 무거워지고 있었다. 후줄근한 티셔츠, 부스스한 머리카락, 휑하게 비어버린 가르마, 연년생을 키우며 집에만 있다 보니 내 모습이 그렇게 처량할 수가 없었다. 그 당시 할 수 있는 건 아이들을 돌보는 것뿐이었다.

탈출구가 필요했다. 그게 바로 '공부'였다. 당시 내가 너무 쓸모없고 비생산적인 삶을 산다는 생각에 자괴감에 빠질 무렵이었다. 우울증이 올 것만 같았다. 공부해야겠다는 생각에 내 상황을 고려해서 할 수 있는 사이버대를 검색했다. 상담심리학과로 편입학을 하기로 마음먹고 신청했다. 주부 장학금과 목회자 가족 장학금까지 있는 곳이 숭실사이버대학이었다. 국가 장학금도 신청했다. 다음 개강일에 맞추어 서류등록 준비까지 마치는 내내 설레는 마음이었다.

그렇게 시작한 공부는 시간을 쪼개서 들었다. 험난했다. 강의도 듣고 시험도 보고 아이도 봐야 했다. 힘들 때도 있었지만, 어렵사리 시작한 공부를 멈추고 싶지 않았다. 2년 동안 좋은 성적으로 졸업해 심리상담자 2급 자격증을 취득했다. 상담심리사로 취업하지는 않았지만, 이때 했던 공부는 현재 영어 소리 코칭과 책 쓰기 수업에서도 사용하고 있다. 아이들 양육할 때도, 남편과의 관계에도 도움 됐다. 사람과 대화하거나 생각을 정리할 때도 공부했던 내용과 자연스럽게 연결된다.

남아공에 와 영어 공부를 하면서 그저 잘했으면 좋겠다는 생각뿐이었다. 답답해서 어떻게든 일상생활을 잘 살아내기 위해 시작한 공부였다. 공부하던 중에 소리튠 영어를 알게 되었고 지금까지 했던 영어 공부 중 가장 많은 시간을 들였다. 매일 3시간씩 훈련했다. 그냥 영어가 술술 나오고 발성과 발음도 좋아졌으면 하는 마음으로 시작했다. 훈련 과정을 통해 영어코치에 관심 두게 되었다. 마음이 가는 대로 했다. 절대 만만하지 않았다. 코치 3년 차인 지금도 3개월에 한 번 코치 역량 테스트를 본다. 여전히 훈련을 게을리 할 수 없는 이유다. 꽤 많은 회원을 코칭하며 시간을 들인다.

내가 그때 시작하지 않았다면 아직도 미련을 두고 후회하고 있었을 게 분명하다. 힘들지만 즐겁고 보람된 순간이 많다. 상황과 환경에 한계를 두고 포기했다면 오늘은 없었을 거다. 글을 쓰기로 마음먹고 작가가 되기로 했을 때도 그랬다. 책 쓰기 위해 평생 회원으로 등록한 나를 칭찬한다. 생각에서 그치지 않고 실행에 옮겨 책이 출간되었다. 이제는 거기서 멈춘 게 아니라 책 쓰기 코치로 살고 있다. 그 선택 덕분에 나는 책 쓰기 코치이자 강사가 되었다.

마음이 보내는 신호에 민감하게 반응하라

이따금 마음이 흔들린다. 내가 과연 이 일을 잘해 낼 수 있을지 스스로 묻는다. 돈을 냈고 과정을 모두 이수했음에도 사업은 녹록지 않다는 사실이다. 이제는 그만둘 수도 없다. 책임을 지고 하는 수업이지만, 성장하기 위해 계속해서 강의를 듣고 연구한다. 독서도 혼자 하면 바쁜 일에 밀리곤 했다. 독서 장치를 만들기 위해 유료 독서클럽에 들어갔다. 꾸준히 읽고 싶다는 마음 때문이었다. 그냥 읽으면 될 텐데 의지박약이라고 생각되어 도움을 청하고자 했다. 여태 생각만 하고 있었다면 혼자 하기는 했어도 흐지부지되었을 터다. 6개월간 매일 인증 루틴을 지키다 보니 이제 하루 10분 독서가 빠지는 날에는 허전하다. 현재는 한국 새벽 5시 30분부터 6시까지 독서 습관 만들기 모임을 열고 있다.

무엇이든 하고 싶다는 마음이 들었을 때 움직였다. 시기를 조절한 적은 있어도 아예 포기한 적은 없다. 수업을 신청했고, 바로 다음 단계를 밟아 실행했다. 과정을 마쳤더라도 그 일을 지속할지 말지는 내 선택과 노력에 달려 있다. 꽤 많은 사람이 버킷리스트를 쓴다. 나도 종종 원하는 것을 기록한다. 원하는 것이 있다는 건 건강하다는 증거다. 인생 전체의 버킷리스트를 써 본 경험이 있다. 한두 번 썼다고 해도 기억이 안 날 때도 있다. 버킷리스트는 1년에 한 번 쓰는 게 아니라, 자주 써 보는 게 좋다고 생각한다. 리스트가 추가되거나 마음이 꿈틀거릴 때마다 써보는 걸 권장한다. 그저 마음에 소원이 있는 것과 그것을 얻기 위해 계획하고 움직이는 것은 확연히 다르다. 어떤 일에 마음이 움직일 때는 민감하게 반응할 필요가 있다.

일기든 버킷리스트이든 글로 길게 적어보든 뭐든 좋다. 며칠 정도 정리하는 시간을 가져보는 것도 도움이 된다. 또한, 무언가를 이뤄내는 데 필요한 노력이 있다면, 돈이든 시간이든 기꺼이 투자하고 힘써야 한다. 오늘 내가 무엇을 했는지에 따라 나의 10년, 20년 후가 어떻게 달라질지 상상해 보라. 당장 내가 오늘 무엇을 해야 하는지 생각이 달라질 수밖에 없다.

오늘의 나에 집중하면 내일의 나와 만날 수 있다.

②

세상엔 **안 되는 건 없다**, 안 할 뿐이다

안 되는 건 없다. 그저 시작하지 않았을 뿐이다.

– 로버트 H. 슐러

초, 중고등학교 시절, 나는 끈기가 부족하다는 말을 종종 들었다. 학교 선생님이 주는 통지표에도 그렇게 적혀 있었다. 부모님도 내게 그렇게 말했다. 뭐 하나를 배우면 끝까지 해내지 못하고 그만두는 일이 잦았기 때문이다. 그 탓에 뭔가 하고 싶다고 말할 때면 아빠의 타박이 이어졌다.

"너 또 하다가 그만둔다고 하면 안 되는데, 그럴 거면 시작하지 마라."

도전과 실패의 반복

내 마음은 '나 정말 하고 싶어. 그만두지 않을 거야!'였지만, 내 바람과는 달리 꼭 고비를 맞았다. 그럴 때마다 뒷걸음질 쳤다. 그 시기를 버텨야 다음 단계로 넘어갈 수 있다는 걸 그때는 몰랐다. 그냥 더 못할 것 같으면 나는 안 되나 보다 생각했다. 수학은 이해가 안 되기 시작한 이후, 뒤로 넘어갈수록 어려워졌다. 학원에 다녀도 소용없었다. 학교 수학 선생님은 시험에서 틀린 개수만큼 손가락이 휘어지도록 때렸다. 들고 다니는 막대로 여학생들의 치마를 들치고 가슴을 쿡쿡 찌르는 변태 같은 수학 선생님의 만행은 수학의 '수' 자만 들어도 몸서리치게 했다. 호기심으로 시작한 발레는 내가 생각했던 것보다 힘들었고, 플루트는 점점 더 어려워졌다. 피아노는 체르니 30번 이상을 넘기지 못했다. 학원에 있는 동안 밖에서 노는 친구들 틈에서 빠지는 게 싫어 학원을 땡땡이쳤다.

지금껏 살면서 다이어트 역시 성공적으로 끝내본 경험이 거의 없다. 대부분 하다가 뿌리를 뽑지 못하고 요요를 맞이하며 흐지부지됐다. 그 덕에 여태 평생 다이어트를 하며 산다. 성인이 되어서도 배우고 싶은 게 종종 생겼다. 자격증도 따고 공부도 했다. 보통 보육교사와 관련된 일이 대부분이었다. 조금 더 공부했다면 또 다른 자격을 갖출 수 있었을 텐데, 딱 '그만큼'에서 멈춘 일이 많았다.

일곱 살 무렵, 시골 계곡에 놀러 갔을 때였다. 물놀이 중 튜브를 놓치면서 계곡 물속에서 거꾸로 뒤집혔다. 조금만 더 떠내려갔다면 지금 이 글을 쓰지 못했을 거다. 큰아버지 덕에 살았다. 그 계기로 물 공포증이 생겼다. 계곡에 갈 때도, 바닷가에 갈 때도 무릎까지만 담그고 나오기 일쑤였다. 수영장에 가면 허리 이상 되는 높이는 엄두도 못 냈다. 여러 번의 연습 끝에 겨우 얼굴을 담그고 아주 잠깐 숨을 참는 정도였다. 몇 번이고 트라우마를 극복하고자 수영 센터 강습도 신청했다. 물속에서 음파 호흡을 하다가 숨이 멎어버릴 것만 같은 날도 있었다. 수영을 정복해 보겠다며 10대 때 한 번, 20대 때 한두 번 도전했다. 그때마다 한두 번 수영장에 갔다가 두려움에 돈만 버리고 포기했다. 늘 마음 한구석이 찜찜했다. 트라우마로만 남기기에는 한계를 뛰어넘지 못하는 내가 바보같이 느껴졌다.

두려움은 시작 전까지의 감정이다

남아공에 온 지 얼마 안 됐을 때다. 학교 입학 전인 둘째 다엘과 셋째 요엘을 데리고 거의 매일 같이 수영장에 갔다. 남편이 아이들 수영을 가르쳤다. 따로 돈 주고 레슨 받을 필요가 없었다. 나는 옆에서 세 살 요엘을 돌보면서 걸어 다녔다. 그렇게 몇 주를 하면서 이참에 나도 꼭 수영을 꼭 정복해 보겠다는 마음을 먹었다. "애들도 하는데 내가 못 해?"라는 마음이었다. 호흡 연습부터 했다. 자유형과 평형을 번갈아 가면서 연습했다. 웬일인지 지금까지 도전했을 때와는 마음이 달랐다. 할 수 있을 것 같았다. 약 2주 정도 연습해 보니 느낌이 왔다. 호흡하면서 앞으로 가고 있는 걸 느꼈다. 수영장 물이 코로 입으로 들어가 찜찜하고 매웠지만, 호흡이 길어지고 있었다. 묵은 체증이 내려가는 기분이었다.

"내가 할 수 있는데 그동안 너무 겁을 먹었었나 봐. 하니까 되네!"

그 뒤로도 간혹 물을 먹기도 하고, 마음처럼 속도가 나지 않기도 했다.

그렇지만 일단 물속에서 호흡할 수 있고 물속에서 앞으로 갈 수 있다는 것 자체가 내게는 기적 같았다. 누군가에겐 별것 아닌 경험이 내게는 자신감을 주었다. 나도 하니까 된다고 스스로 인정해 주고 싶었다.

소리튠 코치 지도자 과정 중이었다. 홈페이지의 마지막 관문인 뉴스 프롬프트 테스트를 거쳐야 했다. 그 관문을 넘어야지만 인턴 코치로 넘어갈 수 있었다. 일반 회원으로 5개월, 지도자 과정 6개월이 거의 다 마무리될 무렵이었다. 이제 이 관문만 넘으면 되는데 몇십 번 아니, 백번을 연습해도 내가 원하는 오케이 사인이 떨어지질 않았다. 주아 선생님은 조금 더 하라며 계속해서 퇴짜를 놓았다. 금광을 코앞에 두고 장비도 둔 채 뒤돌아 떠나고 싶은 마음이 굴뚝같았다.

다른 사람은 쉽게 통과하는 것 같은데 대체 나에게는 허들이 왜 이리도 높은 걸까. 어떤 날은 앉아서 훈련하다가 소리 내서 엉엉 울어버렸다. 뒤에서 듣고 있던 남편이 놀라서 달려왔다. 이게 뭐라고 노력해도 안 되는걸, 이렇게 힘들게 해야 하는 이유는 대체 뭘까 싶었다. 그러다가도 이것만 넘으면 나는 좀 더 성장할 수 있다는 생각에 이를 악물었다. 결국, 해냈다. 오케이 사인을 받고, 인턴 코치를 시작했다. 그 뒤로도 훈련을 쉬지 않았다. 몇 개월이 흘렀을 무렵 마지막으로 통과됐던 파일을 들을 기회가 있었다. 그 소리를 듣는 순간 몇 문장 듣지도 않고 얼른 꺼버렸다. 쥐구멍으로 숨고 싶었다. 오케이 받은 소리였는데도 불구하고 오늘 녹음한 소리와 그 당시 소리를 비교하니 당시 소리가 부족하기 짝이 없었다. 왜 통과가 안 됐는지 이해가 됐다.

자존감을 높이기 위한 경험

포기하지 않고 끝까지 해낸 내가 대견했다. 그날이 없었다면 오늘의 나는 없었을 거다. 뛰어넘지 못할 것 같은 일도 하면 되는 걸 경험한다. 자존감을 성장시키는 방법은 거창한 비법이 있는 건 아니다. 대단한 일을 성취해야만 하는 것도 아니라는 걸 경험을 통해 배웠다. 실제로 벽을 넘지 못하고 그만두는 사람도 많았다. 같은 기수에서 열 명 중 두 명을 제외한 나머지는 다 포기했다. 해낸 사람은 칭찬받아 마땅했다. 그만큼 만만한 과정이 아니었다.

최근 3년간 새벽 기상, 글쓰기와 책 출간, 그림 튜터 활동과 오프라인 전시회 및 그림 판매, 영어 소리 코치로서의 활동 그리고 책 쓰기 코치로서 일하면서 크고 작은 성공을 경험했다. 나는 나에게 굉장히 엄격한 편이라 남과 비교하고 나를 채찍질하기도 했다. 엉엉 울기도 해보고, 어디론가 훌쩍 떠나고 싶은 날도 있었다. 모든 일을 다 때려치우고 싶은 날도 있었다. 그럴 때마다 생각을 전환하고 지금을 뛰어 넣고 성장한 훗날의 나를 상상했다. 이런 과정이 나를 일으키는 데 도움이 되었다.

자존감을 높이는 가장 좋은 방법은 경험을 많이 하는 거다. 바로 성공 경험이다. 대단한 것을 하는 게 아니다. 뭐가 되었든 내가 하고자 했던 일을 해내는 소소한 경험이면 충분하다. 방법은 간단하다. 매일 저녁 다음 날 할 일을 계획한다. 당일 아침, 어제 계획했던 일을 중 하나라도 해내는 거다. 오래전부터 해내지 못한 일을 인제 와서 해내기는 어려울지도 모른다. 작은 일을 계획하고 딱 그 일만 해내도 삶의 성취감과 자존감은 한 뼘 올라갈 수 있다. 가족을 위해 맛있는 음식을 만족스럽게 차려내는 것도 성공이다. 음식을 태우지 않고 간까지 잘 맞췄다면 금상첨화다. 오늘 글을 반 페이지 쓰기로 했는데 완성했다면 그것도 성공이다. 오늘 책 한 장을 읽겠다고 다짐했는데 해냈다면 그것 또한 성공이다. 주 1회이든 매일이든 내가 계획을 세운 대로 새벽 기상했다면 그것도 해낸 거다. 단 하루라도 계획대로 30분 걷기 했다면 대성공이다.

목표를 달성하기 위해 조금 오래 해야 하는 일이 있고, 금방 해낼 수 있는 일이 있다. 안 되는 건 없다. 단지 조금 더 걸린다고 생각하면 해낼 수 있다. 어떤 사람의 계단은 좀 더 폭이 높을 수도 있고, 어떤 사람은 좀 더 폭이 낮을 수도 있다. 그래도 올라가기만 하면 된다고 생각한다. 여기서 포기하면, 여기까지만 하게 되는 거고, 이걸 넘으면 나는 자신감 +1 장착하고 나아가는 거다. 뭐라도 해내는 나 자신을 많이 만날수록 성장하게 되어 있다.

"세상에 안 되는 건 없다. 안 할 뿐이다."

열정 말고
전략이다

열정은 시작을 도와주지만, 전략은 목표를 이루게 한다.

- 도널드 트럼프

"○○○ 작가님! 축하합니다!"

또 출간계약 체결 소식이다. 자이언트 북 컨설팅 평생 회원으로 입과한 지 이제 4년 차다. 거의 매주 단톡방에서 축하 행렬이 이어진다. 작가로서 첫발을 내디딜 때 계획은 1년에 세 권은 내겠다는 다짐이었다. 지금 생각해 보면 어찌 그런 당돌한 계획을 세웠나 싶다. 나를 과대평가했던 걸까? 책 쓰기를 우습게 봤던 걸까? 하지만 세 권 출간은 힘들어도 초고 집필은 가능하고도 남을 시간이다.

알아도 방황하기 마련이다

나의 첫 책『삼 남매와 남아공 서바이벌』은 3개월 만에 초고 집필을 마쳤다. 물론 한 달 만에 초고와 퇴고까지 하는 작가도 있다. 첫 책으로 꽤 빨리 썼다고 생각했다. 이 속도라면 여유 잡고 1년에 세 권은 가능하다고 생각했다. 웬걸, 두 번째 개인 저서 집필은 1년 6개월이 지나서야 시작할 수 있었다. 줄곧 개인 저서 출간에 관한 욕심 있었다. 다작하는 작가가 되고 싶었다. 글 쓴다고 썼다. 잘 쓰고 싶었다. 강의도 들었다. 뭐라도 하고 싶은데 생각처럼 시작이 쉽지 않았다. 어떻게 해야 쓸 수 있을까? 주변에 책 한 권, 두 권 내는 작가들은 그다음 책도 쭉쭉 잘만 내는데, 대체 어디서 그런 아이디어가 쏟아져 나오는지 궁금해 묻고 싶을 정도였다. 실제로 줄기차게 책을 내는 작가에게도 물어봤지만, 돌아온 대답은 "그저 일상의 경험과 노하우를 쓰세요."라는 이미 내가 다 아는 이야기였다. 그 말을 듣고 보니, 어째서 나는 이 모양일까 싶은 마음이 더 들었다.

3년간 아침저녁으로 홈 트레이닝을 하면서 몸무게도 줄이고, 체지방도 줄였던 경험이 있다. 오전에는 근력 유산소, 밤에는 전신 근력 운동을 했다. 지금 생각해 보면 어디서 그런 에너지가 솟아났는지 할수록 더 큰 자극을 원했다. 땀을 한 바가지는 흘려야 운동한 것 같았다. 당시 배에 11자를 만든다는 목표는 없었다. 몸에 군살이 없이 탄탄했으면 좋겠다는 생각으로 운동을 반복했다. 전신운동은 기본이고 부위별로 운동했다. 약 1년 정도 지났을 무렵 배에 문신 같은 그림자가 생겼다. 몇 킬로그램까지 만들겠다는 목표가 뚜렷하지 않았는데도 꾸준히 운동하니 근육이 붙었다.

시간이 흐르고, 틈나는 대로 그림을 그리고, 영어 공부만 했던 때가 있었다. 시간 분배를 잘못한 건지 운동할 겨를이 도통 나질 않았다. 한정된 시간 안에서 우선순위가 바뀌자, 하나는 포기해야겠다. 뭐든 그랬다. 잘하고 싶은 게 있으면 시간을 더 들여야만 했다. 요즘은 다시 운동하고 있다. 매일 밤낮으로 했던 때와 비교도 안 되지만 적어도 하루 40분 이상은 운동하려고 한다. 운동하면 체력 관리가 되어야 하는데, 이상하게도 이전처럼 체력이 관리되는 느낌이 없다. 살도 빠지지 않고, 근력이 느는 느낌조차도 없다. 어느새 적당히 운동하고, 지금 몸이라도 유지하자는 마음으로 매일 운동이라도 하는 게 어디냐며 위안 중이다.

영어를 처음 배울 때 무조건 닥치는 대로 자료를 찾아봤다. 인풋이 많으면 아웃풋도 잘될 거라는 막연한 기대감이었다. 어떤 사람은 쉐도잉하니 영어 실력 향상에 도움이 됐다고 했다. 어떤 사람은 받아쓰기가 효과가 있다고 했다. 경험자들의 추천 미드나 영화도 모조리 찾아봤다. 누군가 팝송이 잘된다고 하니 또 따라 해봤다. 그렇게 수많은 정보로 떠돌이 영어 공부를 했다. 결과는 몇 년이 지나도 제자리걸음이었다. 왜 나는 하루 6시간을 공부해도 남는 게 없을까. 도대체 뭐가 문제인지 고민했다. 멈출 수 없었다. 현지에서 제대로 살아내고 싶어서 절실했다.

나를 알아야 백전백승

NLP(Neuro Linguistic Programming)란 인간의 무의식적 경험 처리 구조를 의식화하여 새로운 행동으로의 변화를 유도하는 접근법이다. 소리튠 영어에서는 훈련 전에 유형 검사를 하도록 한다. 시각형, 청각형,

체각형 세 가지 유형으로 나눈다. 학습자에게 맞는 훈련법을 병행하기 위해서다. 나는 시각형 65%, 청각형 60%, 체각형 55%이다. 고루 발달되어 있어서 유리하긴 하지만 이 부분을 알기 전까지는 당연히 나는 청각형과 체각형이 많을 거라 예상했다. 이유는 악기를 여러 개 다룰 줄 알고, 리듬 타는 게 어렵지 않기 때문이다. 또 어렸을 때부터 몸으로 익히는 율동이나 춤 동작을 다른 사람에 비해 빨리 익혔기 때문에 동작도 늘 먼저 완벽히 다 외웠다. 먼저 눈으로 보고 원어민의 소리를 쪼개서 조각하듯이 듣고 분석하는 훈련을 했다. 원어민 소리를 듣고 멈추고, 발음 기호 분석하고, 녹음한 후 다시 내 소리를 듣고 스스로 피드백하면서 잘 안 되는 부분은 몸동작을 이용했다.

내 유형을 알고 전략적으로 훈련하니 힘들던 영어가 1년 만에 급상승했다. 영어 발성이 잡히면서 소리가 좋아지니 자신감도 생겼다. 그동안 쌓아온 시간과 노력의 축적이 함께 이루어낸 결과이기도 하다. 운동도 그냥 열심히만 해서는 살이 잘 안 빠진다. 운동 방법이든, 식단관리든 전략이 필요하다. 같은 시간 운동해도 누구는 심박수를 급격하게 올렸다가 내리는 인터벌 운동이 효과가 있다고 하고, 누구는 무게를 치는 근력운동이 효과가 있다고 한다. 둘 다 효과는 있지만 나에게 맞는 방법이 있다. 가만 생각해 보니 문제는 '그냥'이었다. 늘 목표가 막연했고, 두루뭉술했다. 그저 열심히 살다 보면 뭐라도 되겠지. 하다 보면 잘될 거라는 생각으로 막연하게 할 때는 더디게 흐르는 걸 느낀다. 성공하는 사람의 일 처리 과정을 보면 반드시 마감을 둔다. 또한, 구체적인 목표를 세우고 실행 가능성 있도록 잘게 쪼개서 한다. 나도 마감을 두고 일할 때는 일의 능률이 올라가는 걸 느낀다.

전략이 필요한 이유

일상을 글로 쓴다. 책을 쓰려면 주제를 생각하고 추려내야 하는 데 쓰지 않고 생각만 했다. 말로만 책 쓰겠다고 말하고, 막상 머릿속의 막연한 생각을 현실화시키려니 두려웠던 건 아닐까? 늘 하고 싶은 일은 많다. 욕심대로 일은 벌이면서 제대로 하는지 의심스러울 때도 많다. 나 스스로 묻는다. '이게 최선이야? 후회 없어?'라는 질문에 속 시원하게 대답하지 못했다.

안 하는 것보다 열심히 하는 게 낫지만, 열심히만 하면 힘만 들고 효과는 미미하다. 원하는 게 있다면 목표를 명확히 세우고 전략을 세워야 한다. 마감이 필요하면 마감일도 스스로 세워야 한다. 글쓰기도 매일 하되 근력을 기르려면 정확한 분량과 일정한 시간 등 다양한 소스를 이용해서 글 그릇을 넓혀야 한다. 그래서 초고를 집필하기로 마음먹은 후 약간의 불안한 마음을 누른 채, 일단 주제를 잡고 기획했다. 그렇게 시작하니 또 어설프게나마 굴러갔다. 나만의 기한을 정하고, 장치를 걸어두니 마음이 한결 편했다. 열심히만 하는 게 아니라 체계를 잡았으니 이제 꾸준히 하다 보면 곧 원하는 결과도 얻을 수 있겠다는 기대마저 생겼다.

두 가지다.

하나는 될 때까지 얼마가 걸리든 꾸준히 내달리던가.

목표를 정해놓고 적어도 정해진 기한까지 달성하던가.

후자가 자신 없다면, 그냥 될 때까지 지속하는 것도 나쁘지 않은 방법이라는 걸 경험을 통해 알았다. 하지만, 가능하면 같은 시간 대비 효과적인 방법을 세우면 도움이 된다. 그게 바로 전략이 필요한 이유다.

④
목적 없는 삶은
내일의 나를 만날 수 없다

목적 없는 삶은 항해 없는 배와 같다.
어디로 향해야 할지 모르는데 바람에 흔들릴 뿐이다.
- 세네카

5:30 아침 기상, 독서 10분, 글쓰기(책 집필, 수필)

7:00 아이들 아침밥, 도시락

7:30 영어 소리 피드백

9:00 운동 (요일에 따라 사역지 방문 혹은 토요일 한글 학교)

11:00 집안일, 외부 일 혹은 강의안 준비 – 이동 시 틈새 독서

13:00 아이들 하교, 늦은 점심

14:00 한국 시각에 맞추어 온라인 수업 참여 또는 줌 강의 진행

16:00 틈새 영어 소리 피드백, 잡다한 업무

17:00 저녁 식사 준비 및 저녁 식사

19:00 영어 소리 피드백 / 강의안 준비

22:00 브런치, 네이버 글, 네이버 카페 회원 글 관리, 15분 운동

23:00 글로다독 독서 줌 30분

24:00 취침

소리튠 영어코치, 책 쓰기 코치, 삼 남매의 엄마, 그리고 남아공 선교사로 살아가는 나의 평일 루틴이다. 남아공에 살지만, 남아공 일정을 뺀 나머지 시간은 한국 시차에 맞춰 산다. 영어 코칭도, 책 쓰기 코칭을 위한 수업도 모두 한국에서 사는 사람들과 하기 때문이다. 프리랜서가 된 이후로는 오히려 하루가 더 빡빡하다. 영어 'Free'의 의미가 무색하게 직장인만큼이나 빡빡한 삶을 사는 것 같다. 출퇴근이 없어 종일 일하는 기분이 들기도 한다. 누가 시킨 것도 아니고 스스로 선택한 삶이다. '틈 없이'란 말을 약간의 거짓말일 수도 있다. 커피도 한잔하고, 스마트폰을 뒤적거리기도 한다. 이동할 일이 있으면 차 안에서 책을 읽는다. 밖에서 식사 약속이 생기면 일부러 조금 일찍 가서 책을 읽는다. 때로는 일부러 짐을 싸 짊어지고 밖으로 나선다. 카페에 가서 글도 써 본다. 보통 오전에 운동 마치고 외부 일이 없는 시간에 가질 수 있는 여유다. 어린이집 개원 후 한동안은 오전에 거의 매일 같이 출근했다. 오후에는 우리 아이들도 돌봐야 하기에 오전 시간에는 빠르게 어린이집에 다녀온다.

꼭 무언가를 해야지만 되는 걸까

시간 낭비를 좋아하는 사람은 없겠지만, 나는 시간 허비가 싫다. 중고등학생이나 대학생 때에도 친구들과 카페에 가서 수다 떨며 시간 죽이기

를 자주 했다. 시시덕거리며 수다 떨기도 하고 특별한 이유 없이도 함께 있는 시간이 좋았다. 언제부터인가 친구는 좋지만 '시간 죽이기'는 허송세월 보내는 것 같은 마음이 들었다. "사람이 말이야! 건설적으로 살아야지. 시간 아깝게…."라고 대놓고는 말하지 못했지만, 때때로 그런 마음이 들었다. 그렇다고 딱히 뭔가 짜인 계획이 있던 것도 아니었다.

남아공에 와서 적응하는 시간을 포함해 코로나로 꼼짝 못 할 무렵 무척 무료했다.

"남편, 나는 왜 이렇게 생산적이지 못한 삶을 사는 걸까? 시간이 아까워 죽겠어."

"당신은 매일 그렇게 집에서 한시도 가만히 있지 않고 뭐라도 계속하면서도 생산적이지 못하다고 얘기하잖아. 뭐 어떤 게 생산적인 거야? 가끔은 좀 쉬는 시간도 있어야지. 지금은 적응 기간이야. 남의 나라에서 살기 위해 적응하는 기간이라고, 그러니까 적응하는 것만 해도 대단한 거야. 더 뭘 하려고 하지 마."

쉼을 위한 목적도 필요하다

남편 말이 맞았다. 그러나 안 들렸다. 적응 기간이라고 해도 뭔가 하지 않으면 인생이 어떻게 돼버릴 것 같았다. 매일 독창적인 일을 하고, 돈도 벌고 싶었다. 남편과 아이들이 아무것도 안 하고 시간 죽이기를 하는 모습을 보면 뭔가 못마땅하다. 아니, 아무것도 안 하는 게 아니라 전자기기

붙들고 노는 것으로 보일 때는 시간이 아깝다 못해 답답하다. 어떻게 보면 이것도 마음의 강박, 병인 것도 같다. 한시도 가만히 있질 못하고 계속해서 뭔가 해야지만 불안하지 않은 그런 마음은 나만으로 족한데 말이다.

『모든 삶은 흐른다』를 보면 '바닷가 쉬어가기의 중요성' 편에서 오티움과 네고티움에 대해 언급한다. '오티움'은 유유자적함을 뜻하고, '네고티움'은 분주함이라는 말이다. 원래 바캉스의 어원은 '바카레'라는 라틴어에서 왔다. 바카레는 '아무것도 없는 상태', '자유로운 상태'를 뜻하는데 나는 평생을 살면서 제대로 된 바캉스를 즐겨 본 경험이 없다. 정말 그랬다. 지난 30년 동안 나는 휴가를 가서도 휴가답게 쉬어 본 경험이 없다. 시간을 쪼개 쓰는 게 현명하고, 1분 1초도 아껴서 다 활용하는 게 지혜롭다고 생각했다. 이 책을 읽으면서 '나는 제대로 된 휴식을 해 본 적이 없구나.' 생각했다.

여행을 갈 때도 일을 바리바리 싸서 가고, 뭔가 지속해 성과를 내야지만 잘살고 있다고 생각했다. 이렇게 빡빡한 일상을 살아도 여전히 시간이 부족하다는 말을 입에 달고 산다. 열심히 살고 있는데 뭔가 성과가 나지 않는 조바심이 들 때면 스스로 자책한다. 그러다 번아웃이 오면 '아, 그냥 편하게 살까, 내가 무슨 부귀영화를 누리겠다고 이렇게 사나?' 싶은 생각이 찾아온다. 오티움은 둘째치고, 네고티움에 찌들어 사는 삶이 얼마나 피곤할까. 내 삶이 그랬나 보다. 정확한 표적 없는 분주함, 막연한 미래에 대한 준비를 가장한 분주함으로 매일 쳇바퀴를 돌렸을지도 모르겠다. 입버릇처럼 '생산적인 일'을 하겠다고 했던 말 덕분에 소원이 이루어진 걸까.

동기부여 강사가 되고 싶었다. 전문 분야에서 지식을 퍼 주는 사람이 되길 원했다. 막연하게 생각했던 꿈이 글쓰기를 통해 이루어졌다. 원했던 삶을 살고 있다. 공부해야 한다. 책을 읽고 거인의 어깨를 빌려 배워야 한다. 계속해서 콘텐츠를 만들어내야 한다. 많은 강사가 거저 강의하는 게 아니란 걸 느낀다. 한계에 부딪힐 때마다 나는 이렇게 평생 어떻게 이 일을 할지 미심쩍기도 하다. 요행을 부리고 싶은 마음이 찾아오면 그냥 되는 대로 살까 싶은 마음도 든다. 편하게 살까? 그럼, 뭐가 좋을까? 그렇게 자문하다가 물음표 끝에 마침표를 찍는다.

열심히 사는 이유는 단순히 돈을 많이 벌고 싶어서만은 아니다. 성장하고 싶어서다. 즐겁게 살고 싶어서다. 의미 있는 삶을 살고 싶어서이다.

나의 목적이 무엇인지 확인하라

"당신 열심히 일하고 돈 많이 벌어서 하고 싶은 거 다 해!"

남편이 던진 말에 곰곰이 생각하다 반문했다.

"남편, 내가 돈 많이 벌고 싶어서 지금 이렇게 열심히 사는 것 같아?"

"응? 아니."

"나는 당장 부자가 되는 것보다 사람들에게 희망을 주는 일을 하고 싶어서 열심히 하는 거야. 그렇게 내가 브랜드가 되면 돈 걱정 안 해도 될 날이 오겠지?"

나뿐 아니라 21세기를 살아가는 사람들의 일상을 들여다보면 매우 분주하다. 이른 아침부터 늦은 밤까지 계속해서 무언가에 몰두하고 매달리고 있다. 정신적이나 육체적으로 피곤할 수밖에 없다. 목적이 있다면 시행착오를 겪는 시간조차도 즐거울 것이다. 그러나, 목적이 없다면 멀리 가지 않아서 쉽게 지친다. 그저 매일 열심히 사는 데도 쳇바퀴 같다고 느끼는 이유는 분명한 목적이 없을 가능성이 크다. 목표가 있는 사람은 쉴 겨를이 없다. 바쁘게 앞으로 나아갈 뿐이다. 그렇다고 목표지점까지 다다르는 길이 늘 즐겁고 행복하지만은 않을 수 있다. 만약, 미래가 두렵고 불안해 매일 무언가만 해야 한다면 진정한 오티움의 시간을 가져보길 권하고 싶다. 내가 진짜 원하는 게 무엇인지, 나는 어떤 사람인지, 무엇을 좋아하고 싫어하는지부터 시작해 자신을 돌아보는 시간이 필요하다. 이렇게 사색하는 시간을 쉼으로 삼아 진짜 내가 무엇을 원하는지 돌아볼 수 있을 것이다.

　편하게 산다는 건 아무것도 하지 않고 게으르게 산다는 뜻이 아니다. 정말 내가 무엇을 하고 싶은지, 행복하고 즐거운 일을 하되 일 안에서 자유 상태가 되는 것이다. 자유엔 책임이 따르는데, 그냥 되는 대로 사는 것은 내 인생에 최선을 다하는 태도가 아니란 걸 잘 알기 때문이다. 목적 없는 삶은 내일의 성장한 나를 만날 수 없다.

(5)

자신을 보듬어 주는
사람이 성장한다

비교 없는 자기 성장은 자기 사랑과 인정에서 비롯된다.

- 미셸 오바마

초등학교 입학 무렵, 적잖은 충격을 받았다. 꼬맹이 시절부터 예쁘다는 말을 꽤 많이 들었다. 가족뿐 아니라, 친척, 엄마 아빠 지인, 동네 사람, 유치원 선생님, 그 누구든 만나는 사람들에게 예쁘다는 말을 거의 매일 들었다. 동네만 나가도 "예쁜 애 온다." 정도의 칭찬이 인사말이었으니까. (지금은 역변인지는 모르겠지만 당시에는 그랬다) 어린아이들은 다 그대로 예쁘니까, 인사치레로 해준 칭찬일지라도 나는 단 한 번도 내가 못생겼다고 생각해 보지를 않았다. 툭 하면 "너는 커서 미스코리아 하면 되겠다."라는 말을 듣고 자란 탓이다. 실제로도 '그래, 나는 커서 미스코리아가 될지도 모르지!'라는 생각했다. 그 생각은 오래가지 않아 처참히 깨졌다.

내 모습을 그대로 받아들인다는 것

초등학교에 가서 만난 많은 또래를 보며, 지금껏 나에게 있던 자신감은 타인이 만들어 주었다는 걸 알게 되었다. 초등학교 1학년이 무슨 그런 생각을 했겠냐고 물을지 모르겠다. 하지만, 나는 분명히 기억한다. 초등학교에 들어간 후, 학년이 바뀔수록 비교의식도 함께 자랐다. 키가 작아늘 1번에서 3번을 오갔다. 그나마 위로가 됐던 건, 내가 매번 1번은 아니었다는 거다. 나보다 키 큰 친구, 나보다 예쁜 친구, 나보다 피아노를 잘 치는 친구, 나보다 그림을 잘 그리는 친구 심지어 나보다 글씨를 잘 쓰는 친구만 봐도 대체 나는 왜 저 아이만큼 못 하나 싶은 생각이 머릿속에서 떠나질 않았다.

부러움과 질투 그 사이의 감정이 요동쳤다. 작고 통통한 몸도 싫었다. 동그란 얼굴도 싫었다. 손가락은 왜 짧은 걸까. 손가락이 길었다면 지현보다 피아노를 잘 쳤을까. 민경보다 글씨를 잘 썼을까. 아니 민경만큼이라도 썼을까. 재경이네 집은 부자라서 패밀리 레스토랑에서 생일 파티도 하는 데, 우리 집은 왜 부자가 아닐까. 친구들과 어울릴수록 내가 가진 것보다 다른 친구가 가진 모습, 환경, 배경이 부러웠다. 심지어 친구의 가족 중에는 교사, 교수 혹은 외국에 사는 사람이 있었다. 하다못해 나의 사촌, 엄마 아빠 사돈의 육촌 팔촌까지 통틀어 찾아봤지만, 교사도 교수도 외국에 사는 사람도 없는 게 아쉽다 못해 속상했다.

학교, 교회, 사회에서 만난 사람과의 관계를 맺어나갔다. 누가 되었든 나보다 잘하는 사람에게 아낌없이 칭찬했다. 부러운 건 부러운 거고 칭찬은 진심이었다. 그런데도 시간이 지나면서 자꾸 위축됐다. 키 크고 예쁘고 날씬한 사람이 예쁘다는 생각은 TV에 나오는 연예인을 보면서 생겼다. 이미 대중적 기준에서 두 가지나 탈락이다. 예쁜 건 주관적이지만, 키 크고 날씬한 외모 기준에서 나는 미달이기 때문이었다. 이런 비교의식은 중고등학교를 지나 성인이 되어서도 이어졌다. 비교의식이 커지면서 콤플렉스로 자리 잡았다. 점점 내가 갖지 못한 것만 보였다. 공부를 잘하는 친구도, 재능이 많은 친구도 부러웠다. 그런 실력을 갖추는 데 얼마나 노력했는지는 생각하지 않았다. 그저 겉모습에서 느껴지는 관록과 능력만 눈에 들어왔다. 타인을 관찰했다. 이제는 그런 능력과 환경을 가지고 태어나지 않은 내가 못마땅했다. 사회생활을 시작하고 처음 가졌던 직업은 어린이집 교사였다. 어린이집 교사를 하면서 만나게 되는 동료 교사의 능력, 성격까지도 비교하고 있었다. 아이들을 대하는 태도, 일 처리하는 능력, 원생 부모를 대하는 태도까지도 관찰했다. 어쩌면 다른 사람과의 비교가 내게 모델링이 되었는지도 모르겠다.

건강한 비교의식은 없다

한편으론 '건강한 부러움'이었다. 비교의식이 꼭 나쁜 것만은 아니라고 생각했다. 내게 없는 것을 얻기 위해서는 본받으려 애쓰는 것도 좋은 방법이라고 여겼다. 배울 점도 찾고 모방도 했다. 질투에서 끝나는 것이 아닌 나를 발전시키는 하나의 방법으로 삼을 땐 괜찮다고 위로했다. 그렇다고 한들 항상 긍정적인 마음만 있었던 건 아니었다. 비교는 계속됐다.

나는 열심히 사는데, 나는 요행을 부리지 않는 사람인데, 왜 정직과 성실만으로는 안 되는지 기운 빠지는 순간이 종종 찾아왔다. 결혼, 육아, 주변 사람, 모든 환경까지 비교 대상이 되었다. 자신감도 부족하고 자존감이 낮았다. 모두 다 내 성격과 성향 탓이라며 투덜댔다. 아무리 '건강한 부러움'이라고 생각해 보려고 해도 쓸데없이 기준만 높은 내게 나는 보잘것없게 느껴졌다. 부모님이 날 그렇게 낳았다는 생각마저 들었다.

사람마다 처한 환경이 다르다. 누구는 금수저를 물고 태어났다고 말한다. 누구는 가정환경이 좋지 못해 흙수저를 물고 태어났다고도 한다. 어떻게 보면 불공평하게까지 느껴진다. 크리스천인 나는 하나님이 공평한 분이라고 믿는다. 그런데 이런 현실 앞에서는 진짜 공평한 게 맞나 싶은 생각도 꽤 자주 했다.

숱한 비교 끝에 깨달았다. 비교하면 행복할 수 없다는 것이었다. 환경이 문제가 아니었다. 유전자와 환경의 영향을 받아서 타고나는 정도는 다를 수 있다. 그러나, 그 어떤 사람도 노력 없이 얻은 것은 없다는 걸 알게 됐다. 잘하고 못하고의 문제가 아니다. 시작이 달랐기 때문에 속도가 다르다는 것도 인정하게 되었다. 누군가 나보다 잘하는 이유는 나보다 시작이 빨랐을 뿐이라고 생각하고 나니 마음이 조금 편해졌다. 무언가 이뤄낸 사람은 분명 과도기 단계를 지나 벽을 넘었을 테고, 부지기수 노력했을 거다. 미스코리아도, 연예인도, 외모가 아름답다고 해서 타고난 대로만 살지는 않는단다. 예쁠수록 더 가꾸고 더 공을 들인다고 했다. 이것마저도 자기 외모에 시간과 돈을 투자해서 얻어낸 결과다. 탄탄한 몸매를 가진 사람일수록 죽지 않을 만큼 운동하고, 살 만큼 먹으며 얻어냈다는 말도 들었다. 뛰어난 실력, 좋은 직업, 성공의 궤도를 걷고 있는 사람들은 매일 자기관리를 철저히 한다. 자기와의 싸움을 이겨내며 새벽 네다섯 시에 일어나 책 읽고, 공부하며, 시, 분초 단위로 하루를 쪼개 사는 사람도 많다.

이유 있는 성장

영어 소리 코치를 하면서 커뮤니티에 모인 사람들 소리를 듣는다. 동료 소리도 듣고, 회원 소리도 듣는다. 짧은 기간만 훈련해도 빨리 성장하는 사람이 있다. 그러나 대부분은 많게는 몇 년씩 훈련해 온 사람이 더 많다. 또한, 포기하지 않고 끈질기게 매일 훈련하는 사람도 있다. 처음에는 썩 잘못 한다고 생각했던 사람도 시간이 지나서 들으면 감탄사가 절로 나온다. "그렇게 훈련하더니 해냈구나! 성장하는구나!" 나도 그런 사람 중의 한 사람이 됐다. 성장하기 위해서 꾸준히 하는 일이 생기고 노력할수록 남과 비교할 게 아니라 '하면 된다. 하기만 하면 실력이 는다'라는 신조가 생겼다. 뭐든 도전해 볼 만한 마음이 생겼다.

작가가 되고 나니, 주변에 작가가 많아졌다. 소식을 듣는다. 누구는 또 책을 출간했다고 한다. 누구는 어디서 강연 초청도 받았다고 한다. 어떤 작가는 베스트셀러 선정이 됐다고 한다. 누군가가 얻어낸 좋은 성과를 축하하면서도 비교의식이 싹 사라지지는 않았다. 여전히 다른 사람의 모습을 보면서 현실의 초라한 내 모습을 직시하기도 한다. 그러나 이제는 인정하고 받아들이기로 한다. 다른 작가도 매일 글 썼다. 잠 줄여가며 초고 집필하고 퇴고했고, 머리카락 빠져가며 씨름했기 때문에 얻은 결과다. 세상에는 대가 없이 얻어지는 건 없다. 모두 다 그만큼의 노력과 인고의 시간을 치르고 얻어내는 거다.

'오늘의 나는 어제보다 성장했다. 내일의 나는 어제보다 성장할 거다. 비교는 어제의 나하고만 한다.'

요즘에는 자기 계발하는 많은 사람이 이런 말을 한다. 비교할 것 없다. 그저 자신을 사랑하고 노력을 인정해 주는 자세로 산다. 자신을 스스로 인정하고 보듬어 줄 수 있는 사람이 빠르게 성장할 수 있다고 생각한다. 성장하기 위해 오늘도 여전히 읽고 쓴다.

완벽해지려는 마음만
버리면 된다

> 완벽한 시기나 완벽한 계획,
> 완벽한 순간이란 존재하지 않는다.
> 지금이 바로 최적의 시기이다.
> - 힐러리 클린턴

미니멀 라이프를 추구하는 사람 집을 보면 그야말로 깔끔하다. 치워도 치워도 영 말끔해지지 않는 우리 집을 보면서 생각했다. 우리 집 삼 남매가 아직 어리기 때문이라고 핑계를 대 본다.

20대 초반 별명이 '차렷! 줄 세웟!'이었던 때가 있었다. 정리 정돈을 잘하기로 소문이 난데다 교회든 어린이집이든 행사가 있으면, 나는 뒷정리까지 꼼꼼히 했다. 교사하면서 아이들에게 정리 정돈을 강조하고, 줄도 잘 세운다는 의미에서 지어진 별명이었다. 주변에서 내 성격과 행동을 보고 놀리듯 별명을 붙인 거다.

여태 잘하는 줄 알면서 살아왔는데, 세월이 흐를수록 내가 정리 정돈에 그다지 소질이 없다는 걸 깨달았다. 방법을 아는데 잘 못 하는 걸까? 방법을 모르는 걸까? 헷갈린다. 바쁘기 때문이라는 핑계를 대 본다. 나도 나름의 질서는 있다. 이래 봬도 우리 집에서는 내가 정리 대장이다. 그러나 뭇 살림 잘하는 사람과 비교하자면 턱도 없다. 한 가지 일에 전문적인 사람이 대단해 보인다. 나는 딱히 잘난 영역은 없지만 뭘 하든 두루두루 중간만큼은 하고 싶다. 그러면서도 대충하고 싶지는 않다. 능력 밖의 일을 하겠다는 마음 자체가 욕심이다.

그 말인즉, 나는 영어 소리 코치 일도 잘하고 싶고, 책 쓰기 코치와 강사로서도 잘하고 싶다. 현지 사역도 완벽하게 해내고 싶다. 게다가 집안일도 깔끔하게 하고 싶고, 아이들 음식도 직접 다 만들어 먹이고 싶다. 내가 할 수 있는 모든 영역은 다 잘 해내야지만 직성이 풀린다. 그러나 이 모든 것을 다 해내기에는 역부족이다. 시간도 에너지도 마음도 완벽하게 해내기란 쉽지 않다는 걸 피부로 느낀다. 완벽주의 성향이 있기도 하지만 그런 성향이 있다고 해서 일을 다 잘할 수 있는 건 아니지 않나. 성향을 들먹이다가는 화병 나서 죽을지도 모르겠다는 생각이 들었다. 나는 다 해낼 수 없는데 자꾸 나에게 잘 해내라고 압박하고 있었다.

쓸데없는 완벽주의

하루는 할 일에 눌려 마음이 급해졌다. 처리해야 할 일을 책상 위에 쌓아 놓고 엉덩이를 들썩거렸다. 며칠간 청소를 하지 못한 거뭇거뭇한 타일 바닥과 마치 바퀴벌레인 줄 흠칫 놀라게 하는 머리카락 뭉치가 눈에 자꾸 들어왔다. 쌓여 있는 설거지와 아이들 방의 널브러진 옷가지를 보고 있자니 울화통이 터졌다. 이럴 때 누군가가 도와주면 참 좋으련만 아이들은 학교에 가고 없다. 내가 보기에는 급한 일 같지도 않은데 남편은 본인 할 일만 하고 있었다. 결국, 나는 뾰로통한 얼굴을 하고 툭툭거리며 청소했다. 그 마음을 아는지 모르는지 남편은 반응이 없었다. 달그락거리며 설거지도 하고, 빨래도 탁탁 털어 널고, 청소기 다 돌리고 난 뒤 바닥 걸레질을 절반 정도 했을 때쯤이었다. 그제야 내가 쥐고 있던 마대를 남편이 뺏어 들었다. 나는 마대를 잡은 손에 힘을 주며 더 꽉 쥐어 잡았다. 목 끝까지 차오른 화를 참지 못하고 남편에게 쏘아붙였다.

"아니, 내가 여태 바쁘게 일하고 호닥거리는 걸 봐 놓고서도 거의 다하니까 이제 자기가 하겠다고 지금 이걸 뺏는 거야? 됐어. 할 마음도 없으면서!"

어리둥절한 표정을 짓더니 구태여 마대 걸레를 뺏어 갔다. 나는 화장실로 가서 씩씩거리면서 변기 청소를 했다.

"내가 안 하면 아무도 안 하잖아! 대체 누가 해? 나 아니면 누가 집안일 하냐고! 이래서 내가 다른 일 어떻게 해!"

들으라고 하는 소리였는데 들었는지 못 들었는지, 남편은 말이 없었다. 일을 다 마치고 나서 책상 앞에 앉았는데 일이 손에 안 잡혔다. 몇 시간이 지나 남편이 나에게 말했다.

"혼자 다 하려고 하지 말고, 일을 나눠. 그럼 되잖아."

그랬다. 나는 혼자 다 하고 싶지는 않았다. 그저 내 마음에 들지 않는 행동이 싫었다. 아니, 내가 원하는 때에, 내가 원하는 방식으로 아무도 알아서 하지 않는 게 더 싫었다. 애들은 그렇다 치고, 남편에게 불만이 쌓였다. 내 욕심, 내 생각, 내 방식대로 따라 주지 않는다는 이상한 심통이 내 안에 있었다. 남편은 평소 잘 도와주는 편이다. 설거지도 하고, 빨래도 한다. 때로는 요리도 한다. 남아공에 온 후로는 매일 출퇴근하지 않기 때문에 집안일을 같이 한다. 처음에는 말하지 않으면 잘 안 했다. 남아공에 와서 이런 일로 여러 차례 부딪히고 난 뒤에는 알아서 잘 도와주는 편이기도 하다. 그런데도 늘 나는 만족을 못 한다.

지금 내가 해야 할 일에 집중하기

소리튠 코치로 일하면서 점점 근무시간이 늘어났다. 이전에 했던 디지털 드로잉 강의는 더는 할 수 없다는 생각에 내려놓기로 했다. 유지하고 싶은 마음도 있었지만, 병행은 무리였다. 그림 챌린지도 마지막까지 붙잡고 있었다. 어떻게든 다 지속하고 싶었다. 작가로서 글 쓰고, 그림도 그리고, 영어도 하고, 집안일까지 다 잘하고 싶었다. 완벽주의도 이런 완벽주의가 없다. 그렇다고 모두 다 '완벽'하게 잘해낼 자신도 없었다. 그저 끌어안고 싶은 '욕심'이라는 판단이 섰다. 하나씩 정리를 해야 했다. 내가 지금 집중해야 할 일이 무엇인가에 더 초점을 두기로 했다.

80대 20법칙이라고도 불리는 '파레토 법칙'이 있다. 상위 경제학에서 쓰이는 용어로 상위 20%가 전체 생산의 80%를 좌우한다는 법칙이다. 어떤 작업이든 내가 쓰는 시간과 에너지가 투입된 20%의 핵심적인 요소가 80%를 차지한다는 의미이다. 그 20%를 내가 지금 가장 중점적으로 하는 일에 몽땅 투자해야 한다는 의미이다. 80%에 이미 에너지를 쏟고 있으니 나머지 20%는 다른 데 쓸 게 아니라, 빠르게 성장하고 좋은 성과를 내고 싶다면 마땅히 남은 20%에도 선택과 집중이 필요하다는 것이다.

프리랜서로 수입도 생기고, 인풋과 아웃풋을 함께 할 수 있는 영어 소리 코치에 집중하기로 했다. 영어 개인 훈련도 매일 한다. 처음에는 최대한 만족스러운 퀄리티로 만들려고 애쓰다 보니 시간이 오래 걸렸다. 개인 훈련을 계속해서 시간은 2~3시간씩 쓰기에는 빠듯했다. 코치 일은 하는데 훈련을 못 하면 내 발전은 거의 없을 거란 생각에 마음이 조급해졌다. 그래도 해야 했다. 마음의 평안과 정신 건강을 위해 조절했다. 인증하면서 훈련하되 완벽하게 하겠다는 마음을 내려놓고 조금이라도 훈련하기로 마음먹었다. 어깨에 힘을 빼니까 오히려 좀 더 잘되는 것 같았다. 조금 부족하면 어떤가 싶다.

집안일 또한 식구들과 역할을 분배하기로 했다. 필터 정수기 통에 물 받아 채워 넣는 것 정도는 아이들도 가능하다. 요일을 나눠 돌아가면서 하기로 했다. 일주일에 서너 번씩 탑처럼 쌓아지는 다섯 식구 빨래 개는 것만큼은 본인 것은 스스로 하기로 했다. 다 먹은 그릇은 적어도 설거지 통에 담아 그릇에 물이라도 부어놓기로 했다. 반찬을 못 만드는 날에는 한 그릇 요리로 국물 하나만이라도 고기 채소 고루 섞어서 먹을 수 있도록 만들어야겠다고 생각했다. 시간이 있을 때 미리 그날 먹을 국 끓이고, 반찬을 만들어 두었다. 다양하게 못 해 먹어도 한 그릇 요리로 적어도 주 하루는 갈비탕을 만들고, 닭백숙을 끓이는 식으로 준비했다. 남은 국물 로 다음 날 아침에는 채소 더 넣고 죽을 쑤어서 먹었다. 완성되기까지 시 간은 좀 걸리지만, 생각보다 간편한 요리다. 매주가 아니어도, 반찬 가짓 수가 적어도, 미안한 마음이 덜 들었다. 식구들이 맛있게 먹는 모습을 보 니 더 뿌듯했다. 가족 역할 분배를 하니 내가 할 일을 못 했다는 마음도 없었다. 요령이 필요하다는 걸 알았다. 또한, 아이들도 맡겨주면 생각보 다 더해낸다는 걸 깨달았다.

완벽을 내려놓는 연습

글쓰기도 마찬가지다. 완벽함에서는 조금 물러나기로 했다. 어차피 완 벽하게 할 수 없을 뿐 아니라, 내 마음을 무겁게만 하기 때문이다. 평소 글 쓸 때도 유명 작가처럼 멋들어지게 쓰기란 어려운 일이다. 완벽을 내 려놓는 것도 연습이 필요하다.

나의 MBTI 유형은 ISFJ 유형이다. 이 유형의 특징 중 하나는 '실수? 안 돼. 응 다시 돌아가!'라는 항목이 있다. 이게 딱 나다. 물론 그렇게 해서 실수를 수정할 수 있는 장점도 있지만, 나를 피곤하게 만들기도 한다. 아 직도 잘하고 싶은 마음은 여전하다. 그러나, 실수와 한계를 인정하고 할 수 있는 만큼만 하자고 생각하니 내 실수에도 너그러워졌다. 이 과정이 연습이 되었다. 책 쓰기 강사로 활동하고 영어 코칭을 하고 있지만, 내가 회원을 완벽하게 만들 수는 없다. 단지 나는 내가 할 수 있는 일에 최선을 다할 뿐이다. 결국 '완벽'하고 싶다는 마음은 욕심에서 비롯되었다. 욕심을 조금 내려놓고 나니 마음이 한결 가벼워졌다.

⑦
나를 위한 투자는
사치가 아닌 행복이다

> 자기 계발은 최고의 투자이다.
> 당신이 하는 모든 투자 중에서도 가장 뛰어난 것이다.
> — 워런 버핏

내가 기억하는 엄마 아빠는 근검절약의 대사였다. 물건이 필요하면 중고 제품을 사고, 길에서 보이는 멀쩡한 물건을 주워다가 썼다. 물건을 고를 때는 무조건 더 저렴한 물건을 사서 썼다.

"나도 한번 새 물건 좀 써보자."

엄마는 특히 새 가전제품을 사보는 게 소원이랬다. 항상 저렴한 물건만 사는 엄마를 보고 자랐기 때문에 내게도 당연했다. 엄마는 우리가 먹고 남은 음식을 먹었다. 서서 먹었다. 바쁘다며 후다닥 대충 먹고 나갔다. 재봉기술자로 일하면서도 집안일 하느라 바빴다. 엄마를 위해서 따로 돈 쓰는 모습을 거의 보지 못했다. 화장품도 샘플 위주로 사용했다. 1주일에 한 번 교회에 갈 때 입는 정장 빼곤, 평소에는 화장기 없는 수수한 차림이었다. 신발을 사도 저렴한 거로 사 신었다. 머리도 싼 집에서 자르고 파마했다. 축 늘어진 구멍 난 메리야스를 입은 아빠 모습을 자주 봤다. 엄마가 뭐 하나 사다 주면 사치라며 필요 없다고 타박했던 모습도 기억난다. 엄마는 아빠를 생각해서 사다 준 건데 나는 아빠의 반응이 못마땅했다. 애들이나 사주라고 말하는 아빠 말이 반갑지 않았다. 그런 모습을 보고 자라면서 나도 엄마가 되면 그렇게 살아야 하나 보다 생각했다. 자식들 챙겨주면서 자기는 늘 뒷전인 부모의 희생이 당연한 거로 생각했다.

내 돈 내게 쓰면서도 아끼는 마음

취업 후, 내 힘으로 돈을 벌 수 있게 되었다. 내게 필요한 물건을 눈치 보지 않고 살 수 있었다. 매월 옷, 가방, 신발, 액세서리도 저렴하면서 맘에 드는 물건으로 구매했다. 한 달 동안 열심히 일한 나에게 주는 선물이었다. 고가의 물건을 살 일은 없었다. 다행인지 불행인지 유행하는 브랜드도 잘 몰랐다. 그저 보세가 예쁘고 저렴하다는 이유로 길거리 제품을 사서 내 옷장을 채웠다.

돈 십만 원 넘어가면 물건을 살 때는 도로 내려놨다. 가방, 신발, 옷가지도 가능하면 5만 원이 넘지 않는 선에서 골랐다. 결혼 후에는 돈 나갈 일이 점점 늘었다. 맞벌이하다가 일을 그만두고 육아에 전념하면서부터는 아이들의 용품이 우선이었다. 나에게 쓰는 건 한 번 참고, 두 번 참았다. 그래도 한국에서 살 때는 육아휴직 급여도 나왔고, 나라에서 보조도 받았다. 남편도 일하고 있으니 형편에 맞게 쓰면 됐다. 아이들을 양육하는 동안에는 나를 위한 투자는 당연히 참아야 한다고 생각했다.

남아공에 온 이후로는 더 아껴야 한다는 강박이 생겼다. 식대와 생필품 말고는 최대한 아꼈다. 나를 위해서 무언가를 쓰는 돈이 사치처럼 느껴졌다. 그저, 몇 년 된 옷이든 입을 수 있는 옷이 있고, 신을 수 있는 신발이 있는 것에 감사하며 살았다. 딱히 멋 부리고 갈 곳 없는 남아공이라 가능했다. 세수하지 않고 나가도 창피하지도 않다. 집에서도 적당히 마실 수 있는 커피지만, 밖에서 기분 전환으로 커피 한잔 사 먹고 싶은 날도 있었다. 하지만 고작 5천 원도 안 되는 커피를 사 먹으면서 한 달 동안 커피값만 아껴도 이게 얼마인지 따지게 된다. 어쩌다 사 먹는 브런치 한 끼도 아까워서 가격을 보면서 고른다. 가격이 정확하게 써 있지 않은 메뉴는 비쌀까 봐 시키지도 못한다. 꼭 가격표를 확인했다. 이왕 한 끼 먹는 거 맛있는 거 먹으라는 남편의 말에 흔들린다. 다 먹고 살자고 하는 건데 나를 위해 이 정도에 돈을 쓰는 거 아까워하지 말라고 한다.

나를 사랑하는 방법

지인과 이야기하다가 알았다. 나는 생일 선물도 뛰어넘는데, 지인은 자기 생일을 꼬박꼬박 챙긴다고 했다. 선물도 자기 돈으로 사지만, 한 해 동안 기다렸다가 원하는 물건을 산다고 했다. 또 다른 지인은 매월 자기를 위해 꽃을 산다고 했다. 한 달 동안 수고한 본인을 위해 주는 선물이라고 했다. 가만 생각해 보니, 나는 평생 살아오면서 나를 위해 꽃다발을 선물한 적이 단 한 번도 없었다. 꽃은 그저 선물용이라고만 생각했다. 나를 위해 사기에는 돈 낭비라는 생각이 들었다. 금방 시들 텐데 뭣 하러 사나 생각도 해봤다. 그저 누군가가 내게 사주지 않으니 아쉬울 뿐이었다. 나는 내가 꽃을 별로 안 좋아하는 줄 알았다.

가끔 우울해졌다. 지인의 말을 듣고 보니 내가 이렇게 나를 위해 쓰는 돈이 아까워 전전긍긍하며 사는 게 처량하게 느껴졌다. 나는 나를 위해 뭘 해줄 수 있을지 생각했다. 그래서 나를 위해 꽃을 사러 나섰다. 잘 찾아보면 조금 저렴한 가격에 나온 꽃들이 보인다. 약간 시들어가는 꽃이라도 저렴하니 집어 들 때도 있다. 1만 원도 안 되지만 충분히 값 이상으로 예쁜 꽃이다. 꽃을 사다 식탁 꽃병에 꽂아 두니 기분 전환이 됐다. 꽃한 다발 사서 꽂아 두는 게 왜 그렇게 어려웠는지 모르겠다. 찾아다니다 보니 생각보다 꽃가게가 곳곳에 많이 있었다. 두어 달에 한 번 나를 위해 꽃을 사기로 마음먹었다. 꽃을 사려고 고르는 동안 행복했다. 나를 위해 내가 직접 고르는 시간이었기 때문이다. 나간 김에 커피도 한잔 샀다. 따스한 봄 햇살이 내리쬐며 한쪽엔 꽃을 안고 한 손에는 커피 한 잔 들고 있으니 소소한 행복이 크게 느껴졌다.

다른 사람 말고 나부터 돌봐줘라

남아공에 살면서 매해 피부에 문제가 생겼다. 그 후로는 얼굴에 바르는 것도 머리에 사용하는 샴푸도 좀 더 건강을 위한 제품을 고르게 된다.

고생하다가 병원비로 몇십만 원씩 들이느니, 평소에 잘 관리하자는 마음이 들었다. 일반 제품보다 1~2만 원 이상 더 줘야 하는 물건도 있다. 여태 한국에서 가져온 샘플 토너와 로션을 사용했다. 거울을 볼 때마다 신경 쓰였다. 거칠어진 피부를 위해 특단의 조치가 필요했다. 여태 살아오면서 샀던 에센스 중 가장 비싼 제품을 샀다. 한화로 한 병에 약 10만 원 정도였다. 여태 얻어 쓰고, 받아 쓰며 살아와서 내가 쓸 에센스도 내 손으로 직접 사보지도 않았던 거다. 좋은 선물도 받아서 써봤지만 고르려고 보니 죄다 깨알 같은 영어를 자세히 들여다봐야 했다. 어떤 제품이 좋은지도 모르겠고, 뭘 사야 할지 한참 고민했다. 별거 아닌 것 같지만 내 얼굴, 내 건강을 관리하는 차원에서 내게 쓰는 비용도 필요할 때는 과감하게 써야겠다고 생각했다.

결혼 후, 첫째 은별 첫돌 무렵, 엄마는 내게 말했다.
"이제 네 것 살 때도 좋은 거 사 입고, 좋은 거 사 먹어."
"싸구려나 자잘한 거 여러 개 사지 말고, 좋은 거로 한 개 사서 입어라."
"얼굴에 바르는 거 아끼지 말고, 조금 비싸도 좋은 거 사서 발라라."

문득 엄마 말이 떠오를 때가 있다. 엄마는 나이 오십이 넘어서야 엄마를 위해서 조금씩 돈을 썼다. 배우고 싶었던 보태니컬아트, 수채화 그림, 비누공예 활동도 그제야 조금씩 배웠다. 엄마에게 필요한 물건들도 제값을 주고 질이 좋은 옷을 사 입고, 기능성 신발을 사 신었다. 내가 자라면서 봤던 엄마의 모습과는 달랐다. 세월이 흐르고 형편이 나아져서 그럴 수 있었겠지만, 엄마 자신을 사랑하는 것처럼 보였다. 이전과는 달라 보였다. 엄마는 자신에게 투자할 줄 몰라서 하지 않는 게 아니었다. 자신을 사랑하는 엄마 모습을 보면서 나를 돌보는 일이 중요하다는 걸 느꼈다.

가족을 더 사랑하기 위해서는 무조건 나를 희생하는 게 아니란 걸 깨달았다. 성장하고 싶고 행복해지고 싶을수록 나를 조금 더 챙겨야겠다고 생각했다. 고가의 물건을 수십을 들여서 사는 것이 행복이 아니다. 그저 내가 좋아하는 것, 내가 원하는 것을 위해 하는 투자는 사치가 아니라고 생각했다. 나를 위해 어느 정도 시간도 에너지도 돈도 쓸 줄 알아야 하는구나 깨달았다. 내가 행복해야 다른 사람에게 좋은 영향을 끼칠 수 있기에.

(8)

불편하면
일단 시작하라

성장은 편안함의 경계를 넘어서 시작된다.
- 네일 도널드 왓커

할 일이 쌓였다. 오늘 계획한 일을 그날 안에 다 끝내면 좋겠지만 계속 밀리는 일이 있다. 보통 중요하지만 급하지 않은 일이 대부분이다. 당장 급한 일은 어떻게든 기한에 맞춰서 끝낸다. 그래야 마음도 편하고 탈이 안 생긴다. 반면 급하지는 않은데 하겠다고 정해놓은 일은 계속 밀린다. 이럴 때는 마음이 불편하다 못해 불안해진다. 마음은 원이로되 몸이 안 움직인다는 핑계도 대본다.

매년 아이들 학교에서 과학 경시대회가 열린다. 학교에서는 서너 가지 실험 목록을 준다. 아이들은 그중에서 마음에 드는 것을 선택하고 며칠에 걸쳐 실험한다. 과정을 사진으로 찍고 보드에 붙여 전시할 수 있는 상태로 만든다. 제출한 과제는 모두가 볼 수 있게 전시한 후 평가를 받는다. 이 평가는 아이들 마음을 들었다 놓는 척도가 되고, 후에 더 큰 과학 경시대회를 나갈 기회가 된다. 첫째인 은별은 지난 학기에 끝냈다. 작년에는 내가 도와줬다. 한 번 해봤기 때문에 올해는 내 도움 없이도 착착 준비했다. 필요한 준비물부터 실험 과정 기록과 결과까지 야무지게 정리해서 판에 붙였다. 다엘은 이번 학기가 처음이다. 처음 참여하는 과학 경시대회에 잔뜩 긴장한 모양이다. 근심 가득한 목소리로 내게 와서 쭈뼛거리며 안내지를 내밀었다.

"엄마 준비를 어떻게 해야 할지 모르겠어요."

누구나 시작은 잘 모른다

시작도 전에 다엘의 한숨이 무릎까지 내려갔다. 은별에게 다엘을 도와주라고 했다. 이미 경험이 있으니 잘 도울 수 있을 것 같았다. 옆에서 진행 과정을 지켜봤다. 보통 과제를 할 때는 스스로 어떻게 하는지 상황을 지켜본 후, 도움이 필요하면 개입한다. 마감 기한 3주를 앞두고 시작했으니, 기한 안에 당연히 끝낼 수 있을 거로 생각했다. 다엘은 실험 주제를 '달걀껍데기가 음료에 일으키는 반응'으로 선택했다. 주제를 정해놓고도 일주일째 실험을 시작하지 않는 다엘에게 계속해서 말로 신호를 주었다.

"시간 금방 간다. 이제 닥쳐서 하려고 하면 결국 제출 못 해."

다엘에게는 잔소리로밖에 들리지 않았겠지만, 내 성화에 못 이겨서 겨우 일주일 만에 다엘은 준비물 목록을 추렸다. 콜라, 오렌지 주스, 포도 주스를 사달라고 했다. 재료를 사 오자마자 바로 실험을 시작했다. 3일 간 실험 과정을 글로 쓰고 사진으로 찍었다. 여기까지는 좋았다. 다엘은 결과 정리는 천천히 하겠다고 했다. 그렇게 하루 이틀 흘렀다. 언제 정리 할 거냐는 물음에 "내일 할 거예요."라는 대답만 반복할 뿐이었다. "과제 는 했니?"라는 질문을 할 때마다 깔깔대던 웃음소리가 뚝 그쳤다. 밝았 던 표정은 시무룩해지기 일쑤였다. 결국, 제출 3일을 남겨두고 나의 불 호령에 마지못해 사진을 프린트해서 보드에 붙였다. 사진과 글씨를 붙여 넣는 동안에도 내 방과 자기 방을 들락거리며, 불안한 기색이 역력했다. 잘 안 될까 봐 걱정하는 듯 보였는데, 일단 끝내는 데 집중하라고 했다. 그날 저녁 다엘은 꾸역꾸역 과제를 다 정리했고 완성 후에 내게 와서 보 여주었다.

"엄마! 다 했어요."

내게 와서 다 했다고 말하는 다엘의 목소리는 변비에 걸렸다가 큰일을 해결한 사람마냥 개운했다. 그동안 과제 이야기 나올 때마다 불편했던 표정은 없었다.

"어때? 내일모레 제출해야 하는데 이제 다 해서 속 후련하지? 거봐. 미 리 해놔야 마음이 편하다니까."

이틀 남겨두고 과제를 다 해버린 다엘은 벽 한쪽에 과제 보드를 세워 두곤 방을 들락거릴 때마다 반복해서 쳐다봤다. 과제의 결과가 만족스럽든 만족스럽지 않든 일단 해야 할 일을 마쳤다는 안도감과 성취감이 충분해 보였다. 평가 당일, 다엘은 반에서 꽤 높은 등수 안에 들었고, 선생님은 전시 목적으로 보드를 걷어갔다고 했다. 그 후, 3개월이 지나 각 학년에서 뽑힌 아이들의 실험 결과물을 강당에 전시했다. 다엘의 작품이 학년 1등이었다. "휴, 과제 늦어서 못 했으면 큰일날 뻔했네." 다엘이 말했다. 이번 기회로 다음부터는 해야 할 일이 있으면 미루지 말아야겠다는 큰 동기부여를 얻었다.

직접 해 봐야 얻는 성취감

나도 늘 그런 경험을 하며 산다. 보통 이런 불안함과 불편한 마음은 해야 할 일을 하지 못할 때 온다. 라이팅 코치가 되겠다고 마음을 먹고 2023년 4월에 '자이언트 북 컨설팅 라이팅 양성 과정'에 입과 했다. 4월과 5월, 두 달간의 훈련을 마치고 나서 바로 라이팅 코치로, 책 쓰기 강사로 활동할 수 있는 자격이 주어졌다. 같이 시작한 1기 라이팅 코치 몇 명은 수업 종료를 앞두고 무료 특강 개강 홍보를 시작했다. 마음에서 요동쳤다. 코치가 되겠다고 시작한 과정이고 수료 후에는 개강해야 하는데 도무지 엄두가 나질 않았다. 일단 과정을 끝내고 나서 언제든 시작하면 될 거라는 마음이었다. 그러나, 매일 올라오는 다른 코치들의 글쓰기 홍보 피드를 볼 때마다 내 숨통이 조여 오는 것 같았다. 자신만의 브랜드를 세워가는 모습을 보니 시작을 망설이는 내가 한심해 보였다. 용기가 도통 나질 않았다. 부러운 마음을 가득 안고, 배짱 없는 나를 보며 혀를 차고 있었다. 누가 떠민 것도 아니고, 내가 뛰어들었다. 해야 할 것 같았고, 하고 싶어서 시작한 과정이었다. 그러나, 그저 자신 없다는 이유로 망설이기만 했다.

며칠간 잠이 오질 않았다. 도저히 안 되겠다 싶어 수업 종료를 앞둔 2주 전, 6주 차 수업 때 홍보 피드를 만들고 무작정 무료 특강을 홍보했다. 5월 마지막 주에 책 쓰기 무료 특강을 한다는 홍보였다. 며칠 뒤에는 6월에 정규 수업을 오픈한다는 광고도 올렸다. 약 한 달간 무료 특강 먼저 준비했다. 마음이 얼마나 불편하고 불안한지 강의 준비를 하면서도 매일 가시방석이었다. 불안한 마음을 가진 채로 일단 시작해야 했다. 어찌 되었든 그렇게 첫 강의를 무사히 마치고 나서 안도감과 성취감이 마구 올라왔다.

"그래. 내가 또 한다면 하는 사람이지. 좀 부족하면 어때 일단 했으니까 된 거야."

정규과정도 남았지만, 일단 무료 특강을 시작했으니 그다음 달도 또 하면 됐다. 뭐든 처음은 어렵지만, 실수는 보완하면 되고, 부족한 점은 더 탄탄하게 채워 나가면 된다. 어쨌거나 해야 할 일을 마치고 난 후에는 신기하게도 불안함이 남아 있지 않았다. 이번 달 정규과정에 아무도 안 오면 다음 달은 오겠거니 생각했다. 당장은 불안하지 않았다. 그렇게 시작한 강의가 벌써 10개월이 지났다. 무료 특강도 매월 1회 혹은 2회를 진행하고 있다. 정규 수업 회원 수는 적지만 평생 회원이다. 매주 한 번 온라인에서 만난다.

그냥 하면 된다

보통은 해야 할 일과 하고 싶은 일 사이에 갈등할 때가 많다. 해야 할 일을 미뤄 놓고 하고 싶은 일을 먼저 할 때는 즐겁지만 마음이 불안하다. 루틴은 가끔 엉망이 되기도 한다. 그럼 또 불안한 마음이 찾아온다. 그럴 때는 결단해야 한다.

봐야 할 책 먼저 읽는다. 올려야 할 포스팅도 정리해서 올린다. 요즘에는 운동을 자꾸 빼먹어서 마음이 불안하고 불편하다. 그런 날 마음을 딱먹고 일과 정리를 한다. 운동을 아침 일찍 해버리면 온종일 마음 불편할일이 없다. 그 자리에서 스쿼트 30개만 해도 조금 더 해야겠다는 생각에 40분을 채우고야 만다.

다른 일 하느라 오전에 써야 할 초고를 쓰지 못하거나, 브런치 스토리나 블로그에 올릴 글을 쓰지 못한 날에는 온종일 마음이 불편하다. 해야할 일을 마칠 때까지 그 마음이 가시질 않는다. 그 탓에 아침 일찍 쓰거나 전날 저녁에 다음 날 것을 미리 할 때도 있다. 미리 해두면 마음이 가볍다. 해야 할 일을 마쳐서 뿌듯하다. 또한, 갑작스러운 일정을 처리할때도 마음이 편안하다.

불편하거나 불안한 마음이 있다면 일단 시작하기만 해도 그 마음이 사라진다. 불편한 마음과 불안한 마음은 엄연히 말하면 다르지만, 내가 느꼈던 감정은 해야 할 일을 하지 않아 불편할 때 불안도 같이 찾아왔다. 그저 하기로 마음먹고 하면 문제 될 게 없었다. 이제는 마음이 불편하거나 불안하면 내가 하지 않은 게 무엇인지 먼저 확인하고 목록을 정리한다. 시각적 자극이 된다. 그렇게 하나씩 해낸 일은 지운다. 마치 내 불안한 마음도 같이 지워지는 기분이다.

생각보다 간단하다. 그냥 하면 된다.
오늘도 그런 마음으로 글을 쓴다.

⑨

불확실성도 **환영**할 줄 아는
태도를 가져라

> 인생의 지혜는 계획과 실천을
> 적절히 조화시키는 일에 달려있다.
>
> - 그라시안

어린이집을 세우기 전, 현지 빈민촌 아이들과 매주 한 번씩 만났다. 게임 하고 그림 그리고 만들기도 했다. 하루는 탱탱볼을 준비했다. 아이들과 공놀이를 할 생각이었다. 꼬맹이들을 동그랗게 둘러 세웠다. 아이들은 공이 내게 올 기회를 노리며 몸에 힘을 잔뜩 주고 서 있었다. 공이 오면 발로 힘껏 뻥 차보겠다는 다짐을 한 듯 다부져 보였다. 꽃게 발이 된 듯 옆으로 헛발질도 해보고, 힘껏 뻥 차서 멀리 슛하기도 했다. 그저 공만 주고받는 활동인데 아이들은 제법 신나있었다.

누구의 삶에나 악당이 존재한다

불현듯 골대가 있으면 좋겠다고 생각했다. 옆에 보이는 플라스틱 테이

블이 골대로 제격이었다. 테이블을 벽 쪽으로 옮긴 후, 골대로 삼았다. 골대를 향해서 아이들을 줄 세웠다. 자기 순서에 아무 방해도 받지 않고 온전히 공을 독차지할 기회를 주고 싶었다. 골대를 향해 공을 발로 힘껏 차 보도록 했다. 넓은 책상 밑으로 공을 넣을 확률이 크기에 아이들이 성취감을 느끼기에도 딱 좋았다. 한 명씩 공을 차는 데 아이들은 꽤 가볍게 골을 넣었다. 지켜보던 교사와 아이들 모두 손뼉 치며 함성을 질렀다. 나는 더 큰 소리로 환호했다. 한 줄로 서서 돌아가면서 공을 줄이어 차보는 시간을 가졌다.

그 모습을 지켜보니 흥미로웠다. 제법 넓은 골대인데도 나이가 어린 아이들은 한 번에 골을 넣지 못해 아쉬운 탄성도 나왔다. 그사이 한 교사가 조금 더 재미를 주자며, 골대에 골키퍼를 세웠다. 그나마 잘 들어가던 공을 넣기가 더 힘들어진 거다. 순서를 어기고 계속 공을 차던 말썽꾸러기 녀석은 자기가 골키퍼를 하겠다며 교사가 세운 친구를 밀어냈다. 녀석이 골대 앞에 서서 까부작거리며 다른 아이들의 공을 힘껏 막아냈다. 스스로 악당이 되기를 자처했다. 그 모습을 보면서 여러 생각이 스쳤다. 아무리 정의로워도 골을 넣는 사람 처지에서 골키퍼는 악당이다.

인생의 허들을 만났을 때

우리 인생과 닮았다. 인생을 살면서 다양한 목표를 세운다. 대학에 들어가기 위해 공부하고, 좋은 직장에 들어가려고 애쓴다. 부자가 되고 싶어 돈을 모으고, 경제 공부도 한다. 세상의 발전에 뒤처지지 않기 위해 새로운 것을 배운다. 다양한 기술과 재능을 갖기 위해 더 많이 공부한다. 아이를 잘 키우려고 애쓰고, 좋은 관계를 만들기 위해 노력한다. 외국어를 잘하고 싶어 열심히 훈련하고, 책을 내고 싶어 글을 쓴다. 이러한 각기 다른 목표를 세워 놓고 이루기 위해 애쓰며 살아간다.

매일 루틴을 따른다. 목표까지 가는 길이 순탄하면 좋겠지만, 안타깝게도 그렇지 않다. 세운 목표까지 가는 길은 험난하다. 온갖 방해물이 나를 가로막는다. 피곤함과 바쁜 일상, 느닷없이 생기는 일도 많다. 기분이 오르내리기도 하고, 컨디션이 따라주질 않는 날도 있다.

세운 목표지점으로 가는 길에 수많은 장애물을 만나게 된다. "골키퍼 있다고 골 안 들어가나?"라는 말은 소위 누군가를 짝사랑할 때 많이 쓰는 말이다. 골키퍼가 있어서 골을 넣기가 확률적으로는 어려웠지만, 골키퍼 있어도 골은 들어갈 수 있다. 아무도 없는 골대에 넣는 공과 골키퍼가 있는 골대에 공을 넣었을 때의 희열은 비교할 수 없다. 좀 더 어려운 일을 해낸 내가 더욱 괜찮아 보이기 마련이다.

막 블로그를 시작할 때 그랬다.
"요즘 블로그 콘텐츠 요리로 하는 삶이 얼마나 많은데, 내가 한 걸 보기나 하겠어?"

처음 책을 쓸 때 생각했다.

"쏟아져 나오는 게 책인데 같은 주제면 누가 내 책을 사 볼까?"

디지털 드로잉 수업을 열었을 때도 말했다.
"유능한 사람들이 이미 수업을 시작했는데 내 수업 들으러 오는 사람
이 있을까?"

반신반의하는 마음으로 시작했던 수업에서 큰 교훈을 얻었다. 내 수업
이 필요한 사람이 있었다. 왕초보를 위한 수업을 열고 진행했을 때 진짜
왕왕 초보가 왔다. 내가 이해하기 쉽게 잘 가르쳐 준다는 후기가 많았다.

모험해야 더 큰 배를 만난다

웹사이트를 열고 '갈비찜'이라고 검색하면 수많은 레시피와 포스팅 글
이 나온다. 나도 검색이 필요하면 많은 글 중에 아무거나 구미가 당기는
걸 열어서 본다. 오래전에 내 블로그에 갈비찜 레시피를 포스팅해 뒀다.
꽤 많은 사람이 내가 올린 갈비찜 레시피를 봤는지 조회 수가 꽤 많이 올
라갔다.

주변 사람에게 '디지털 드로잉 프로 크리에이트 콘텐츠'로 유튜브를 하
라는 권유를 받았었다. 당시 말을 듣고도 바로 시작하지 않았다. 나는 내
콘텐츠에 집중하면 되는 걸 블로그를 하면서 깨달았음에도 불구하고 유
튜브야말로 레드오션이라고 생각했다. 내가 끼어들어봤자 잘될 리 없다
고 생각했다는 말이다.

권유를 받고도 시작조차 하지 않고 시간이 흐른 2년 후, 지금 후회한다. 그때 시작할걸. 누가 보든 말든 그냥 나는 내가 할 수 있는 것을 하면 되었을 텐데, 지금은 뭔가 다른 방향으로 안정되어 있었을 텐데 말이다. 나를 방해하는 것은 주변 환경이 아니다. 내 생각이 가장 큰 방해 요인이라고 과언이 아니다. 뭐든 생각하기 나름이다. 내가 할 수 없다고 생각하는 것과, 힘들고 어렵지만 해보겠다 마음먹고 시작하는 것은 천지 차이다. 때론, 새로운 모험에 기꺼이 도전할 때 즐거움을 만끽할 수도 있다.

무언가를 시작할 때는 불안이 함께 오기 마련이다. 불확실성 또한 따라붙는다. 그러나 불확실성에 집착하면 삶이 비생산적이게 되고, 에너지가 소모된다. 늘 평안하고 잘되기만을 바라는 마음은 있지만, 편안하고 안정적인 상태만 고수한다면 발전이 없다. 장애물을 넘어 해내는 나를 보면서 또 다른 시도를 할 수 있게 된다. 그게 바로 성장 과정이다. 불확실성을 피하고 싶은 마음의 뿌리 깊은 곳에는 실패의 횟수를 늘리고 싶지 않은 이유도 있다. 어쩌면 타인의 시선과 평 탓일지도 모르겠다.

생각을 바꾸면 됐다. 골이 들어갈지 안 들어갈지 모르지만 무조건 넣겠다고 생각하고 차보는 거다. 목표를 세울 때부터, 이미 그 목표로 가는 길에는 수많은 방해물이 함께 따라붙는 게 당연하다고 가정해 보자.

실패든 남의 평가든 누가 뭐라고 하든 내 인생은 계속된다. 불확실성 또한 인정하는 태도를 가지면 된다. 목표를 세울 때는 반드시 그 문을 지키는 문지기가 있는데, 내가 그 목표에 달성했을 때 나를 와락 안아 주려 기다리는 거라고 생각하기로 했다. 그저 나를 반기는 문지기를 향해 가는 길, 수많은 방해 군을 잘 뚫고 지나가면 된다고 생각하니 마음이 조금 편해지는 것도 같다. 생각을 바꾸고 현재 내가 집중해야 하는 것에 더 충실해 보기로 한다.

'되면' 하는 게 아니라
'되게' 해야 한다

미래를 예측하는 가장 좋은 방법은 미래를 만드는 것입니다.

- 에이브러햄 링컨

남아공에 오면 어떻게든 언어가 될 줄 알았다. 현실은 답답 그 자체였다. 언어가 안 통하니 늘 주눅이 들었다. 사역도 바로 시작할 수 없었다. 선교 단체에 따라 차이가 있지만, 보통 선교사들이 선교 단체 파송을 받아서 선교 가면 약 2~3년간 어학연수를 위한 비용을 보조받는다. 우리 가족은 교회 파송도 선교 단체 파송도 받지 못한 상태로 남아공에 왔다. 내 마음은 늘 가시밭길이었다. 선교사로 사역하러 왔고 얼마가 되었든 후원을 받으니, 어떤 일이라도 당장 시작하고 싶었다. 적응만 되면 뭐든 시작하겠다는 다짐이었다.

조급한 마음이 들 때마다 내 존재 이유도 함께 곱씹었다. 마음이 조여오듯 힘든 시간을 보냈다. 영어도 못하고, 지리도 몰랐다. 아는 사람도 없었다. 낯선 땅에서 숨 쉬고 먹고 자며, 이곳에서 적응하는 것 자체만으로도 대단히 많은 에너지가 소모되었지만, 왜인지 맘이 불편했다. 나의 쓸모에 대한 깊은 고민이 있었다. 그런 나를 보며 남편은 지금 우리에게 주어진 시간은 꼭 필요한 시간이라며 다독였다. 지구 반대편에 와서 적응하는 것 자체만으로 큰일을 하는 거라고 잊지 말라며 당부했다. 현재에 집중하라고 말이다. 당시에는 그 말이 안 들렸다. 아프지 않고 잘 적응하는 것이 최고의 선교라는 걸 그때는 몰랐다. 영어 공부도 했고, 아이들이 안정적으로 생활할 수 있도록 심혈을 기울였다. 동서남북도 모르는 땅에서 적응하느라 나도 남편도 꽤 많은 에너지를 쏟아야 했다.

나의 쓸모에 대해 고민하다

첫째 은별을 낳고 연년생으로 다엘을 낳아 키울 때 나는 체력도 마음도 가장 피폐했다. 연년생으로 출산하느라 축난 내 몸으로 아이 둘을 키우는 일은 녹록지 않았다. '집에만' 있는 내 모습이 못마땅했다. 아이들을 키우는 게 중요한 시기라는 걸 누구보다 잘 알았다. 보육교사로 일할 때, 아이를 낳으면 다섯 살까지는 어린이집을 안 보내고 내 손으로 직접 키우겠노라 다짐했던 나다. 아이 낳는 것보다 키우는 일이 더 힘들다는 말을 왜 아무도 내게 말해주지 않았을까, 아니, 분명히 누군가 '배 속에 있을 때가 편한 거야'라는 말을 해줬던 기억이 나는데, 그땐 그게 무슨 말인지 몰랐다. 입에 "힘들다."를 달고 살았다. 나도 아이들 세 살만 되면 어린이집 얼른 보내겠다는 말을 수없이 뱉었다. 방 두 칸, 거실도 없는 좁은 집에서 아이들과 집에서 복닥거리는 시간이 답답했다. 그럴 때마다 남편은 나를 다독였다.

"당신은 지금 가장 중요한 일을 하는 거야."

그런 말을 들을 때면, 그렇게 생각해야겠다고 다짐했다. 그러나 환경이 변하는 게 없으니, 마음도 나아지지 않았다. 살면서 인생에서 항상 의미를 찾으려 했다가도 현실을 바라보면 한숨만 나왔다. 부정적인 말만 쏟아져나왔다.

"나는 능력이 없어."
"나는 쓸모가 없나 봐."
"나도 고급 인력인데, 이제 누가 나를 써 주겠어."
"나는 이제 구닥다리가 될 거야."

신세 한탄하고 내 처지를 스스로 처량하게 보는 말을 수없이 했다. 중고등학교, 대학 시절, 사회초년생일 때도 무슨 일을 맡게 되면 잘하고 싶은 마음과는 달리 자신이 없었다. 막상 일을 맡게 되면 어떻게든 좋은 성과를 내기 위해 노력한다. 그런데도 낮은 자존감과 내성적인 내 성격이 자신 있게 치고 나가지 못하도록 방해했다. 머릿속에 원숭이 한 마리가 앉아 나를 놀리듯이 자꾸 얼굴을 긁어댔다.

"내가 잘할 수 있을까?"

"실패하면 어쩌지?"

"만약에 결과가 안 좋으면 사람들한테 손가락질받겠지."

"역시 나는 이것밖에 안 되나 봐."

이런 생각은 머릿속에 있다가 결국 입 밖으로 튀어나왔다. 그런 말을 할 때마다 스스로 그렇다고 인정하고 있었다.

안 된다고 생각하면 안 되는 이유

남아공에 처음 왔을 때 사업 아이디어가 꽤 많이 보였다. 한국보다 느린 남아공의 모습은 한국의 1980년대 모습 같았다. 다양하지도 않고, 맛없는 빵을 먹으면서, 한국 제과점 같은 상점이나 브랜드가 있으면 장사 잘될 거란 생각이 들었다. 돈이 많다면 놀고 있는 넓은 땅에 공원이나 유원지를 만들어서 예쁘게 만들어 놓으면 좋겠다는 아이디어도 내봤다. 양념치킨 장사를 하면 대박 나지 않을까? 이중창 하나 없는 주택에 이중 새시 사업을 하면 떼돈 벌려나? 전자 도어락은 어떨까? 빙수 가게가 있으면 이 더운 나라에서 불티날 텐데! 한국에서 이미 잘되어 있는 브랜드나 아이템이 마구 보였다. 실제로 이미 오랜 시간 이곳에서 거주한 사람 중에 사업 아이템으로 시도해 본 사람들이 있다고 했다. 그런데 이런 이야기 할 때 이곳에서 이미 그 시기를 옆에서 본 사람은 비슷한 말을 했다.

"그거 해도 안 돼. 예전에 누가 해봤는데 다 망했잖아. 안 돼."

아이디어를 쏟을 때마다 지인은 부정적으로 말했다. 그런 말을 들을 때마다 가능성이 없다고 생각했다. 반면, 의구심도 들었다. 그때랑 지금 이랑은 다르지 않나, 시도하는 사람도 다르고 맛이나 아이템도 달리하면 되는 게 아닌가 말이다. 생각대로 반문하면 "에이."라며 손사래를 치는 사람이 대부분이었다. 내가 그걸 하겠다는 게 아니었다. 현실적으로 할 여력도 없고 능력도 안 된다. 그러나 혹여나 내가 뭔가 시작할 수 있다면 못할 것도 없지 않을까 싶은 생각도 있었다.

그렇지만 시대가 변하고 사람이 다르니 시작하려는 누군가에게 안 된다고 말하며 초 치는 행동은 하지 말아야 하는 게 아닌가 생각했다. 물론 생각해서 말해 줄 수도 있겠지만, 진짜로 망할까 봐 걱정되어서 하는 말인지 묻고 싶다. 대게는 자기가 해보지도 않고 다른 사람이 하는 것을 보면서 마치 검증해 본 듯 말하는 사람을 자주 봤다. 나도 예외는 아니다. 그러나 시대의 흐름이라는 게 있다는 생각이 든다. 최근 유튜브에 나오는 콘텐츠 중에 미국에서 줄을 서서 한국 음식을 먹는 사람들이 늘어났고, 내가 사는 남아공에도 한인 마트에 현지인들이 붐빌 정도로 늘어나고 있다. 성공한 사람들의 공통적인 예는 안 되는 것도 될 때까지 했다는 것이다. 안 된다고 생각하고 포기하고, 시도하지 않는다면 안 될 수밖에 없다.

생각한 대로, 믿는 대로, 말한 대로
『타이탄의 도구들』,『생각하라 부자가 되어라』,『반드시 해낼 것이라는 믿음』에는 공통적인 부분이 있다. 이 책에는 생각, 믿음, 상상력에 대해 자주 나온다. 결국, 말이 전부라는 거다. 생각한 대로, 믿는 대로, 말한 대로 이루어진다는 핵심 메시지들이 군데군데 담겼다. 자기를 믿는 마음과 해낼 것이라는 믿음이 밑바탕에 깔렸어야 해낼 힘도 생긴다고 생각했다. 책을 읽으면서 의도적으로 생각과 말을 바꾸고 있다. 하고 싶었던 것이나 가지고 싶었던 것들이 말로 뱉을수록 내 손에 들어와 있거나 진행하고 있는 걸 경험했다.

첫 책을 집필할 때도, 소리튠 영어코치를 처음 시작할 때도, 책 쓰기 코치를 처음 시작할 때도 마찬가지였다. 그저 성장을 갈망했고 하면 된다고 믿었다. 어떻게든 최선을 다 해보겠다고 생각하고 말했다. 가끔 "진짜 할 수 있을까?", "이렇게 해서 내가 누구를 도울 수 있을까?"라는 생각이 들어 자신 없을 때도 다시 마음을 가다듬었다.

동시에 "나는 할 수 있다.", "나는 성장하고 있다."라며 나에게 들려준다. 때론 의심쩍을지라도 의도적으로 남편과 지인들에게 자꾸 선포하듯 떠들어댄다. '나는 한다면 하는 사람'이라고 말이다.

그러니까, 해 봤냐고 묻고 싶다. 해보지도 않고 지금까지 그래왔기 때문에 앞으로도 안 된다고 말하는 것처럼 어리석은 게 없다는 생각이 든다. 세상사 마음먹기 나름 아닌가, 불가능하거나 불확실한 상황에서도 부정적인 말의 덫에서 벗어나기를 선택했을 때, 비로소 자유로워진 나를 만날 수 있게 되리라 상상해 본다. 뭐든지 가능하고, 뭐든지 이룰 수 있다.

"하면 되지."

"시작하면 일단 할 수 있어."

    속으로는 불안할지언정, 겉으로는 지금은 뭐든 그렇게 말하려 한다. 정말 하고 싶은 게 있고, 원하는 게 있다면 어떻게든 가능하게 만들어야 한다. 되면 하는 게 아니라, 되게 만들어야 한다.

실행하지 않는 것은
열망이 없는 것과 같다

進보하지 않는 계획은 바퀴 없는 수레이다.

- 로가

몇 달 전, 누군가 내게 질문했다.

"10년 후에 뭐 하고 있을 것 같으세요? 10년 후에 어떤 모습으로 있을 것 같은가요?"

그 질문을 받고 멋쩍게 웃으면서 대답했다.

"지금이랑 비슷한 일 하면서 지내고 있지 않을까요?"

지금 생각해도 참 자신 없는 대답이었다. 사실 당시 내가 하고 싶었던 말은 전국을 누비면서 강의를 다니는 인기 강사가 되고 싶다는 말이었

138   악착같이 그리고 꾸준하게

다. 그러나 그 말을 입 밖으로 꺼내기가 망설여졌다. 어렴풋하게나마 떠올리려고 애써봤지만, 어떤 분야에서도 명확하게 내 모습이 그려지지 않았기 때문이었다.

바라는 대로 상상하는 삶

책 쓰기 강사로 동기부여 강사로 영어 강사로, 영향력 있는 사람이 되고 싶은 바람이 있다. 궁극적으로 사람을 양성하는 일을 하고 싶은 큰 꿈이 있다. 욕심도 많다고 할지 모르겠다. 상상이고 내 희망인데 좀 많으면 어떻고 높으면 어떤가 싶다. 백만장자, 억만장자도 꿈꾸는 이 시대에 나는 그런 꿈이 아닌 내 미래를 상상하는 데 뭐가 어떠냐는 말이다.

여기저기서 초빙받아 강의하는 사람들이 부러운 요즘이다. 해외에 살면서 제약이 많다고 생각하니 투명한 상자 안에 갇힌 기분이 들 때도 있다. 이렇게 말하면서도 답답한 현실은 크게 느껴지고, 뚜렷한 미래의 모습이 그려지지 않을 때도 더러 있다.

'비전'이라는 말은 미래상이나 계획, 전망 등을 나타내는 단어다. 이 말을 다시 풀어보면 내가 원하지만, 아직 보이지 않는 미래를 상상하는 행위를 말한다. 상상력은 미래를 앞당겨 살도록 도와준다는 생각이 들었다. 『타이탄의 도구들』에서는 나의 5년, 10년을 그려보라고 한다. 또한, 5년 후, 10년 후의 나에게 편지를 써보라고도 한다. 먼저 5년 전의 나에게 편지를 써봤다. 5년 후의 나에게도 편지를 썼다. 앞서 받았던 질문에 대답하지 못하고, 내가 원하는 모습을 자신 있게 말하지 못한 게 책을 읽는 내내 못내 아쉬웠다.

책에서는 내가 원하는 미래가 이미 이루어진 것처럼 생각하고 행동하라고 말한다. 앞장에서도 언급한 '말에 대한 중요성과 믿음'에 관한 부분도 함께 말이다. 하고 싶은 건 참 많았다. 성인이 되어서도 하고 싶은 건 많은데 뭔가 그 일을 진짜로 하는 모습을 그려보는 시간은 짧았다. 심지어 의심 가득한 말투로 '아, 그렇게 됐으면 좋겠다.' 혹은 '그렇게 되는 날이 있을까?'라는 생각을 많이 했다. 그저 꿈에 불과하다는 생각만 했던 거다. 중요한 건 그렇게 꿈만 꾸는 날에는 아무것도 이루어지지 않았다.

상상으로 만들어가는 미래

온라인을 통해 서평이나 후기로 책을 홍보하고, 책 탑을 쌓아 놓고 읽은 책 인증하는 사람들을 봤다. 진짜 다 읽는지 인증만 하는 건지 알 수 없지만, 워낙 독서량이 적었던 나는 그것마저 부러웠다. 내 책상 한쪽에 한글 종이책 몇 권을 쌓아 두고 흉내 내기도 했다. 언젠가 나도 한글책 가득한 서가에 가서 책 탑을 쌓아 놓고 읽는 모습을 상상해 본다.

한글책이 있었으면 좋겠다고 생각하던 무렵, 한국에서 친구가 책을 세 권이나 보내줬다. 몇 주 뒤 친정엄마가 소포로 또 세 권을 보내줬다. 소포를 보내는 사람도 받는 사람도 세금을 물어야 하는 남아공의 세금 시스템 탓에 소포 받는 일이 그렇게 가벼운 일은 아니다. 여하튼 덕분에 정말 읽고 싶었던 책으로만 책 탑을 만들 수 있었다. 전자책이 좀처럼 익숙해지지 않아 깨작거리면서 읽는 기분이 들던 참이었다. 책 많이 읽는 사람들을 보면서 동경했다. 책 탑을 쌓고 한 권씩 읽어 내려갔다. 지금도 아껴 읽는 책이 있다. 책을 혼자 읽기도 하지만, 더 많이 읽는 내 모습을 상상하며 결단하고 유료 독서모임에 참여했다. 매일 책 읽는 건 같은데, 뭔가 모임에 들어가 인증하고 매일 10분씩 읽는 것만으로도 루틴이 잡혔다. 그 뒤로는 틈만 나면 책을 읽고 있다.

상상하는 대로 살게 되는 삶

책을 내고 싶다고 생각했을 때는 서점에 깔린 내 책을 상상했다. '작가님'이라고 불리는 내 모습을 그려봤다. 노트북을 펼치고 쉴 새 없이 다다다다 쳐내려 가는 제 모습도 그려봤다. 하고 싶은 일을 상상하니 저절로 내 모습이 그려졌고, 흉내 내고 싶어졌다. 당시 책 쓰는 방법과 출간 정보를 찾아서 강의 들었다. 매일 글을 쓰겠다는 다짐과 함께 집필을 시작했다. 꿈을 이루기 위해 현재 개인 저서와 공저 포함, 전자책까지 총 일곱 권을 집필했다. 온오프라인 서점에서 내 책이 판매되고 있다. 심지어 지금 책 쓰기 코치로 활동하고 있으니, 꿈꾸고 말하고 상상했던 일을 하는 거다. 다른 사람에게 책 쓰고, 글 쓰는 방법을 강의하고 돕는다.

그림을 취미로 시작한 후, 잘 그리고 싶다는 마음이 들었을 때 역시 다른 사람에게 그림을 그려 선물했다. 나중에는 전시회에 걸린 내 그림도 상상했다. 기회를 만나면 배우기 시작했고, 계속 그렸다. 이후, 실제로 그림 강의도 했다. 기부 전시회였지만, 작품도 두 점이나 판매할 수 있었다.

영어를 잘하고 싶다고 생각했다. 영어 공부하면서 계속 즐기는 나를 상상했다. 원어민 앞에서 주눅 들지 않고 말하는 나를 말이다. 매일 훈련했다. 잘 되든 안 되든 그냥 했다. 시행착오를 겪지만, 어쩌다 보니 원어민들과 대화하고, 현지 교사들을 양성하는 일도 하고 있다. 심지어 영어 코치가 되어 매일 다른 사람들의 성장을 돕고 있다.

못하면 어쩔 수 없다고 생각하기도 했지만, 남아프리카 현지에 어린이집을 짓고 싶다는 생각을 몇 년간 했다. 그동안은 여건이 안 됐다. 돈이 없다는 이야기만 하다가 시작을 못 한 이유도 있었다. 어떻게 할지 구체적으로 생각하고 아이디어를 모아서 시작했다. 상상하고 나름대로 구상했던 결과물이 나왔다. 허름하다고 할 수도 있고, 완벽하지 않기도 하지만 2024년 1월 어린이집을 개원했다. 혼자서 한 건 아니었다. 현지 선교사님 가정과 협력했고, 한국 교회와 지인들이 협력했다. 돕는 이들이 있었기에 가능했다.

느리지만, 나만의 속도로 걷고 있다. 상상에 그친 게 아니라 필요하면 아이디어를 더했다. 좁은 보폭이라도 움직였다. 가만히 있지 않고 긍정적인 마음으로 할 수 있는 일을 했다. 그 덕에 그 시기를 더 늦추지 않고 당길 수 있었다. 사람은 누구나 자신이 원하는 것을 반드시 얻겠다는 마음이 있다면 어떻게든 해내고 말겠다고 생각한다. 원한다고 말하면서 하지 않는 것은 그만큼 '열망'이 없다는 말과 같다. 진짜 변화하고 싶고, 이루고 싶다면 막연한 상상 말고 구체적인 상상을 더 하기만 하면 된다고 믿는다. 꿈꾸지 않고, 생각하지 않고서는 원하는 것을 이룰 수 없다. 저절로 시기가 되면 될 거라고 생각하는 것은 착각이다. 착각에서 벗어날 방법은 내 생각을 실행에 옮기는 것뿐이다.

3장

행동하는 대로 인생을 사는 법

①

기적의 시작은
습관에서 비롯된다

> 성공의 비밀은 단순히 당신의 눈에 보이는 목표를 세우고
> 그것을 이루는 데에 있지 않다.
> 성공의 비밀은 당신의 행동과 습관에 있다.
>
> - 존 C. 맥스웰

'100일의 기적, 100일 챌린지 성공.'

자기 계발하는 많은 사람이 목표를 달성하기 위해 지속하는 기간이다. 100일 성공이면 뭐든 해낼 힘이 생긴다는 거다. 나도 처음에는 하루도 빠짐없이 100일을 채운다는 게 가능할지 의심했다. 작심삼일 될 뻔할 때도 있었지만, 어쩌다 보니 100일은 도전 최소 단위 기점이 됐다.

작심삼일을 벗어나 볼까

매일 밥을 먹고 잠을 자며 일상을 살아왔다. 매일 학교에 가야 했고, 회사 출근은 당연한 일상이었다. 의지도 필요했지만, 누구나 당연히 거

치는 과정이라고 여긴다. 적어도 학교나 직장은 내가 가고 싶지 않다고 빼먹을 수 없다. 나 어릴 때만 해도 학교 결석하면 큰일 나는 줄 알았다. 아파도 학교에 갔다. 초등학교 6년, 중학교 3년, 고등학교 3년 총 12년 개근상을 받고 졸업했다. 대학교에서 만난 친구들이 땡땡이치자고 하는 말을 듣고 소스라치게 놀랐다. '늦게 배운 도둑질이 날 새는지 모른다'는 속담처럼 대학교에 가서 한 번 빠지고, 두 번 빠지는 일이 늘어났다. 그러면 안 되지만 대리 출석 부탁받아서 해주고 나도 부탁했다가 조교한테 걸려서 야단맞은 날도 있었다. 직장이야 무단결근하면 회사에서 쫓겨날지도 모른단 생각에 빠질 생각도 못 했지만, 몸이 아파 결근한 날은 있었다. 학교와 직장을 수년 다녔다는 이유만으로도 이미 100일은 거뜬히 해낼 수 있는 능력이 내 안에 있다는 증명이 됐다. 그런데도 왜 그렇게 100일 동안 새로운 일을 지속하는 게 힘이 들까?

내 시간을 써 보겠다고 새벽에 일어나기 시작했는데 매일 새벽 5시에 일어나는 게 쉽지 않았다. 100일 기준을 세웠지만 때때로 유혹이 찾아왔다. 꾀부리고 싶어 이불을 파고든 날도 있었다. 그림일기를 쓰고, 매일 그림 한 장을 그리는 일도 즐겁다고 했지만 밀려서 하루에 두 개를 그린 날도 있다. 매일 책을 한 장씩만 읽겠다고 계획을 세우고 까맣게 잊고 지나간 날도 있었다. 다음날 기록하려고 보면 전날 빠뜨렸다는 사실을 뒤늦게 알고 메꾸기도 했다.

평소 하지 않던 일을 '시작해서 지속'하는 건 다른 의미였다. 100일 동안 새벽 기상하고, 운동하고, 일기 쓰고, 영어 공부하고, 그림 그리고, 글을 쓰는 일은 분명 의지가 필요했다. 뭘 배우고 지속하든 하겠다는 생각만 하는 게 아니라, 자리를 털고 일어나 당장 손에 연필을 쥐는 '행동'이 필요했다. 당장 이불을 박차고 일어나 책상 앞에 앉는 움직임 말이다.

간절함에서 시작된 기적

성장이 갈급했던 2020년에는 뭐라도 하겠다는 마음이었다. 지금까지 내 인생에서 단기간 크고 작은 성과를 가장 많이 냈던 시기다. 하루도 빠짐없이 운동했고, 책을 썼다. 매일 영어 공부를 했다. 마스크를 만들어 판매했고, 블로그 수익을 냈다. 굿즈를 만들어 판매했고, 그림일기를 2년 가까이 썼으며, 1년간 1,000장의 디지털 드로잉을 했다. 그림책 만들기에 도전했고, 이모티콘 튜터로 활동했다. 디지털 드로잉 프로 크리에이트 튜터로 수업을 열어서 진행했다.

공저 세 권을 썼으며, 저자 특강 및 동기부여 강의도 진행했다. 물론 2023년에는 더 큰 성과가 있었다. 소리튠 코치로 2년 넘게 일하고, 책 쓰기 코치, 강사로 일을 시작했다. 계속해서 공저를 쓰고, 전자책을 내고, 개인 저서 집필을 한다.

이렇게 할 수 있었던 건 어떤 일을 시작할 때 딱 100일만 해보자는 생각 덕이었다. 처음에는 30일 목표로 시작했고, 아쉬우니까 50일까지 늘렸다. 또 더 할 수 있을 것 같아서 100일을 세어가며 하고 싶은 일을 지속했다. 처음에는 구체적인 목표가 없었다. 그저 하는 일을 묵묵하게 하다 보면 질적으로도 성장하겠다는 생각이었다. 행동했고 지속했다. 100일 챌린지 메모지를 직접 만들었다. 매일 한 칸씩 칠하면서 내가 해내고 있다는 사실을 시각화시켰다. 그림이나 일기, 영어 훈련 파일을 올릴 때는 번호를 붙였다. 숫자 표기가 그다음 지점까지 내가 해내고 말겠다는 의지를 북돋아 줬다.

2023년 9월 23일은 12월 31일까지 딱 100일 남은 날이었다. 다시 100일 챌린지를 시작했다. 하루 10분 100일 독서, 매일 운동 100일 달성, 100일 영어 훈련, 100일 글쓰기, 100일 새벽 기상 등이다. 이 중 다시 등장한 것은 새벽 기상과 매일 운동이었다. 새벽 기상도 운동도 꾸준히 해 왔던 건데 몇 달간 소홀히 했다. 목표 없이 그냥 일어나보겠다고 생각했더니 잘 안됐다. 좋은 습관을 만들기 위해서는 66일이든 100일이든 지속해야 한다. 나태한 습관을 버리려면 그 이상의 시간을 들여야 한다. 전날 저녁 늦게 잠들면 다음 날 여지없이 아이들 학교 도시락 싸야 하는 시간에 겨우 일어났다. 딱 1시간만 일찍 일어나면 되는데 아무리 여러 번 성공했었다고 해도 의지를 세우지 않으면 안 되는 일이다. 나의 나약함을 잘 안다. 다시 제대로 하고 싶은 마음에 리스트에 넣었다. 다른 것들은 꾸준히 해온 건데 하던 거라도 잘 마무리해 보고자 목록에 넣었다. 역시 여전히 새벽 기상은 쉽지 않다.

하루가 모여 백일

〈글로다짓기〉 글쓰기 모임에는 정규 멤버와 비정규 멤버가 있다. 비정규 멤버와는 무료 글쓰기 챌린지를 운영한다. 매일 제시어를 주면 회원들이 카페에 글을 쓴다. 1기부터 3기까지는 22일 챌린지를 진행했다. 22일이라는 숫자는 사람들이 부담 없이 덤빌 만한 기간이다. 그렇게 1기부터 3기까지 빠짐없이 참여했던 회원은 열 명 중 다섯 명 미만이기는 하다. 적은 인원이지만, 해낸 사람들은 성취감을 느낀다고 했다. 22일을 3번 하면 66일이라고 하니 다들 놀랍다는 반응이었다. 22일은 생각했지만 3기까지 자신이 66일 지속했다는 사실에 놀라워했다. 4기부터는 66일을 진행했다. 참여자 17명 중 10명이 66일을 채웠다. 100일이라는 숫자에 집착하는 것은 아니다. 며칠이 되었든 내가 정한 기간을 달성하는 과정과 목표에 도달했다는 점에서 성취감을 얻게 된다. 매일 몇 회차인지 카운트하면서 목표지점까지 갔다. 하루하루 해내는 데 집중했기 때문에 할 수 있었다고 생각한다.

서두에 나의 최소 기점이 100일이 되었다고 언급했지만, 마음먹고 시작하기까지가 시간이 가장 오래 걸린다. 게다가 숱한 유혹과 컨디션 난조, 갑작스레 휘몰아치는 일정이 생기게 되면 책상 위가 혼잡해지는 동시에 머리도 어지럽다. 어떻게든 한 개씩 해 나가는 과정에서 이전의 성공 경험이 다른 것에도 도전할 수 있는 원동력이 되었다. 계획을 세울 때는 '이 분야만큼은 진짜 내가 해내기 힘들 텐데, 또 하다가 포기할 건데 그냥 하지 말까, 가능한 거로만 세워볼까?' 하는 의구심이 들 때가 있다.

영어로 'Challenge'는 도전이라는 뜻이다. 받아들이기 힘든 일이거나, 인내가 필요한 일에 현지인들은 입술을 깨물며 Challenge라는 단어를 쓴다. 영어 읽기 실력을 향상하기 위해서는 자신의 수준보다 아주 조금 높은 책을 골라서 읽으라고 권한다. 내가 이미 다 알고, 편안하고 안전하게 할 수 있는 일만 도전해서는 성장할 수 없다. 자신 없지만 해야 하는 일, 해내고 싶은 일에 도전했고 행동으로 옮겼기 때문에 오늘이 있을 수 있었다고 생각한다.

25일로 나눠서 네 번 하면 100일이 된다. 하루하루에 집중해서 25일은 한 달이 안 되는 숫자다. 100이라는 기준만 보고 가면 고지가 높아 지쳐 포기하게 된다. 25일도 길다면 오늘에 집중하면 일주일 단위로 해내도 된다. 어떤 사람이 말하길, 작심삼일 되는 일이 너무 잦아서 아예 3일마다 계획을 새로 세운단다. 처음에는 그 말을 듣고 웃음이 새어 나왔는데 오히려 현명한 방법이구나 싶었다. 나에게 맞게 조절하면 된다. 가장 명확한 것은 생각하고 바라는 것을 바로 행동에 옮기는 것이다.

틈새 시간을
활용하면 성장한다

성장은 쉽지 않은 여정이지만,
끊임없는 노력과 인내는 우리를 더 나은 사람으로 이끈다.

- 존 우든

한 달에 책 한두 권 겨우 보던 내가 한 달 평균 여섯 권 읽는다. 비결은 바로 틈새 독서와 하루 10분 독서다. 불가능할 것 같았던 틈새 독서의 힘을 제대로 느끼는 중이다. 어떤 사람은 한 달에 10권도 읽고 20권도 본다는데 나는 그렇게까지는 못한다.

한국에 살 때는 어쩌다 한 번씩 책을 샀다. 일부러 서점을 찾은 날은 그다지 많지 않았다. 이따금 서점에 방문할 일이 있으면 빈손으로 오기가 뭐해서 책을 한 권 사들고 왔다. 그저 둘러만 보고 온 날도 많았다. 사 온 책은 꼭 읽겠다는 다짐이 무색하게도 몇 장 읽고 책장에 얌전히 꽂아 두었다. 책 몇 권 산 것만으로도 부자가 된 기분이라며 너스레를 떨었다.

실제로 새 책을 사면 기분이 좋기는 했다. 뭔가 소비 자체를 건설적인 곳에 했다는 생각에서였다. 어쩌다 책 한 권 읽으면 그 책에서 본 내용이나 글귀를 기억해 놨다가 사람들과 대화할 때 쓰기도 했다.

무식하지 않고 용감한 사람이 되려면

'책 한 권 읽은 사람이 세상에서 제일 용감하고 무식하다'는 말이 나를 두고 하는 말 같았다. 삼 남매 육아하는 동안에도 육아 관련 책 몇 권 안 읽고 지냈다. 가끔 기독 서적이나 선물 받은 책을 읽기도 했지만, 대부분 이유식 레시피 책, 요리 레시피 책, 아이들 수면 훈련 책 정도가 거의 다였다. 엄마들 육아서로 유명한 『삐뽀삐뽀 911』조차도 한 권을 건너뛰듯이 읽고 필요한 부분만 읽었다. 육아하는 데 피곤하고 읽을 시간이 없다는 게 핑계였다.

남아공에 온 뒤로는 한글 종이책이 읽고 싶었다. 사람 마음이 참 간사한 게, 있을 때는 읽지도 않던 책 탑이 몹시 그리웠다. 할 수 없다고 생각하니 더 간절해졌다. 집에 있는 책 중 몇 권을 골라서 읽었다. 주로 남편이 보던 신학 서적이라 어렵기도 하고 제대로 집중이 안 됐다. 분명 졸리지도 않았는데, 몇 장 읽고 나면 하품이 나왔다. 바로 덮었다. 요즘 흥행하는 책한 권 읽고 싶다는 생각뿐이었다. 독서 안 하는 핑계가 있었다. 책은 종이책으로 봐야 제맛인데, 전자책은 책 보는 것 같지 않아서 싫다는 거였다. 그래도 깨작거리듯 가끔 전자책에서 한두 권 구매해서 읽었다.

자기 계발을 시작한 이후부터 책을 조금씩 가까이하기 시작했다. 말이 가까이지 사실 꾸역꾸역 읽었다. MKYU 대학에서 학생 등급을 올리기 위해서는 책을 읽고 독후감을 올려야 했다. 다양한 책을 가성비 좋게 읽기 위해 밀리의 서재를 연간 구독해서 읽기 시작했다.

틈새 독서의 힘

글쓰기를 시작하고 작가가 된 후로는 어떻게든 책 읽을 시간을 확보해야 했다. 욕심 같아서는 이틀에 한 권은 읽고 싶었다. 불가능하다는 걸 알기에 욕심을 내려놓았다. 일주일에 한 권은 가능할 거로 계산했다. 200~300쪽 남짓 되는 책은 오래 걸려도 2시간 반 안에는 다 읽을 수 있다. 시간을 쪼개서 읽어도 내게는 무리한 일정이었다. 하루 2시간을 책에만 집중할 수도 없을뿐더러 부담스럽게 느껴졌다.

또 다른 한 가지 문제는 그렇게 몰아서 읽은 책은 휘발됐다. 한 권을 읽어도 며칠 아니, 몇 시간만 지나도 무슨 내용이었는지 가물가물했다. 어떤 좋은 글귀가 뇌리에 팍 박히지 않는 이상 잘 기억도 안 났다. 주변에 책을 읽고 기록하는 사람들이 부러워지기 시작했다. 책 쓰기 스승인 이은대 작가는 '독서'를 매주 강조했다. 그 말을 듣고도 여전히 씨름하고 있는 내가 부끄럽게만 느껴졌다. 한다고 하는 데 도무지 잘되지 않는 느낌이었다. 이러다가는 작가로서 어디 명함도 못 내밀겠다는 생각이 들었다. 자리를 지키기 위해서라도 읽어야겠다는 생각이 점점 커졌다. 이동하는 모든 시간에는 무조건 책을 읽기로 했다.

전자책의 장점을 최대로 살렸다. 지난번 읽었던 곳부터 펼쳐서 이어 읽었다. 카페나 음식점을 가서 메뉴가 나오길 기다리는 시간도, 병원이나 관공서 대기 시간에도 책을 읽었다. 목적지로 이동하는 시간도 직접 운전하지 않는 때에는 무조건 스마트폰을 꺼내 이북을 열었다. 산책할 때는 오디오북을 들었다.

"책 읽는 습관을 만들겠어!" 다짐하고 의식적으로 열었다. 보통 이동할 때 스마트폰 화면을 오래 보고 있으면 속이 메스꺼운데 생각보다 괜찮았다. 점점 익숙해졌다. 처음에는 서너 페이지 읽었다. 계속하다 보니 한 번에 100페이지까지 읽는 날도 생겼다. 스토리에 빠지는 날이 그랬다.

혼자 말고 같이 하는 독서

『평단 지기 독서법』의 저자인 이윤정 작가를 자이언트 북 컨설팅 평생 회원으로 만났다. 꾸준하게 독서 콘텐츠를 이어가는 모습을 보고 동기부여가 됐다. 하루 10분 독서법으로 한 달에 스무 권 가까이 되는 책을 읽고 있다고 했다. 평단 지기 유료 독서클럽에 들어가 6개월 동안 같은 책을 읽었다. 꾸준히 다양한 책을 읽고 싶은데 혼자서는 자꾸 핑곗거리를 만들 것 같았다. 나도 이제 책 쓰기 과정을 운영하면서 독서모임도 가져야 하는데 지금까지 독서모임을 제대로 해 본 적도 없기에 도움을 받고 싶었다.

독서 방법, 독서모임 방법이라면 유튜브에도 깔렸지만, 함께할 사람이 필요했다. 그저 매일 하루 10분 읽고, 내 문장으로 바꿔보고 인증하면 끝이다. 한 달에 한 번 만나 소통하는 것 말고는 평소에는 따로 깊은 소통은 없었다. 함께하는 루틴만으로도 힘을 얻었다. 내가 하던 틈새 독서에 하루 10분 평단 지기 독서를 더 했다. 그 후 친한 친구와도 책 한 권을 선정했다.

친구는 같이 읽자며 『내면 소통』을 한국에서 소포로 보내줬다. 두꺼운 벽돌 책을 읽는 독서 메이트가 되었다. 각자 매일 10분 독서를 하고 구글 폼에 기록을 남기기로 했다. 소리튠 코치 모임에서도 독서모임을 시작했다. 첫 달 도서는 『회복 탄력성』으로 시작했다. 대표와 코치들이 각자 읽고 월 1회 온라인 독서모임을 한다. '성장'에는 독서만큼 중요한 게 없다는 걸 알기 때문이다. 월 2회 운영되는 자이언트 북의 〈천무〉에서는 지난 1년간 서평 쓰는 독서모임을 진행했다. 모임 시간이 이곳 일요일 낮이라 주일 사역 일정상 1회 참여하고 참여할 수가 없었다. 선택한 방법은 공지된 책이라도 찾아서 혼자 읽고 서평을 쓰는 거였다.

독서는 성장을 부른다

2023년 추석 연휴는 6일간이었다. 남아공에서는 한국 연휴와는 전혀 상관없는 일상이지만, 한국 일정에 맞춰 일하다 보니 시간을 벌었다. 덕분에 실컷 책 읽고, 글 쓰자고 생각했다. 『때가 되면 너의 정원에 꽃이 필 거야』, 『월든』, 『회복탄력성』은 읽고 있던 책이었다. 여기에 『팀장의 관점』, 『탄탄한 문장력』, 『1%를 읽는 힘』, 『퍼스널 브랜딩』, 『스토리: 흥행하는 글쓰기』, 『100만 클릭을 부르는 글쓰기』까지 총 6권을 더 내려받았다. 『퓨처 셀프』도 이북으로 구매했다.

여러 권을 돌아가면서 읽는 걸 처음에는 상상도 못 했는데 하루 10분씩 혹은 한 권당 한 챕터를 읽으면 아침, 저녁 그리고 낮 틈새 시간을 이용해서 읽을 수 있다. 하루 세 권을 읽을 수 있는 셈이다. 병렬 독서를 시작한 후 알게 된 장점이다. 연휴 동안 세 권을 완독했다. 가끔 발췌독할 때도 있지만, 대부분 완독이다. 책을 하루 한 챕터 혹은 10분 읽기 하면 약 보름 동안 1권을 읽을 수 있다. 느린 속도지만 병렬 독서를 하면 한 번에 여러 권 읽는 효과가 있다. 조금씩 쪼개서 읽으면 문장 독서하기에도 좋다.

책을 읽으면 시간이 천천히 흐르는 기분이다. 예전에는 느껴보지 못했다. 바쁘게 생활하다가도 잠시 책을 읽으면 내용에 집중하고, 문장에 집중하다 보면 생각하게 된다. 그 순간만큼은 내가 똑똑해지는 기분이 든달까. 시간이 잠시 멈춰 있는 느낌이다. 집중하는 시간만큼은 평온함을 느낀다. 누구에게는 우스운 숫자일지 모르겠지만, 추석이 있었던 달에는 내 평생에 월 독서 아홉 권이라는 최대치를 찍었다. 아무도 알아주지 않아도 스스로 무척 뿌듯했다.

돈을 주고 무언가를 구독하는 일이 한국에서 살 때는 최대한 멀리하고 싶던 나다. 그랬던 내가 지금은 밀리의 서재 구독 중이다. 밀리의 서재 안에 있는 책 중에서 골라 읽어도 충분하지만, 종종 없는 책이 있다. 온라인 서점에 들어가서 읽고 싶은 책을 산다. 나의 발전과 성장을 위해 필요하면 무조건 산다. 이제 책 사는 데 돈 아끼지 않기로 했다. 구매했으면, 열심히 읽는다. 나의 가치를 더 끌어올리고 사랑하겠다고 마음먹은 뒤로는 다른 곳에 쓰는 시간과 돈보다 공부하는 데 더 많은 돈과 시간, 에너지를 쓰고 있다. 성장하기 위해서는 나를 위해 쓰는 것을 아끼면 안 된다는 것을 알았다. 특히 책은 많이 읽는 것보다 그 안에서 내가 얻고자 하는 메시지에 집중하고 나에게 적용해서 내 것으로 만드는 시간을 갖는 다. 가랑비에 옷 젖는다는 속담처럼, 틈새 독서에서 시작했지만, 한 권 두 권 늘려 내 문장으로 쌓아 올리며 성장 중이라고 믿는다.

(3)

써라, 나도 살고
다른 사람도 산다

> 한 사람의 삶을 바꾸기 위해서는
> 그 사람을 설득할 필요가 없다.
> 대신, 그의 마음에 씨앗을 심어주면 된다.
> 그리고 그 씨앗은 글을 통해 심는다.
> - 월터 모스리

쓰지 않으면 안 되는 시대

작가가 된 지 3년이다. 매일 쓰려고 하지만, 여전히 글쓰기가 쉽지 않다. 늘 쓸 때마다 고민한다. 그렇다고 하지 못할 일은 아니다. 지금은 자기 노출 시대, SNS 시대, 1인 방송 시대, 마케팅과 광고 시대, 유튜브 시대이다. 쓰지 않고는 내 생각을 표현할 방법이 없다고 해도 과언이 아니다. 다수를 대상으로 내 생각을 표현할 때도 글이 필요하다. 연설이나 강의, 유튜브도 대본이 있다.

글을 쓰기 위해 글감을 찾는다. 일상에서 찾은 글감으로 글을 쓴다. SNS에 기록한다. 나를 알리고 타인과 소통하는 방법이다. 에세이는 나만 보기 위한 사건이나 감정을 담은 일기로 끝나는 게 아니다. 글을 써서 공개한다는 것 자체가 다른 사람에게 보이기 위한 거다. 누군가 내 경험과 생각에 공감하고 도움이 되길 바라는 마음으로 글을 쓴다. 책을 읽고 글로 요약한다. 눈으로 읽고 책을 덮었을 때보다 읽고 한 줄이라도 기록할 때 기억에 오래 남는다. 강의에서 듣고 배운 내용을 기록한다.

최근에는 글을 쓰지 않았을 때 어떻게 살았나 싶은 생각이 든다. 한편으론 예전의 삶과 생각도 전부 다 글로 기록했다면 지금쯤 내 글 창고에 셀 수 없는 많은 글이 쌓여 있을 거란 생각이 들어 아쉽다. 특히 삼 남매 키울 때 매일 일기 쓰지 않은 것에 대한 후회가 막심하다. 첫째 은별을 가졌을 때 적었던 임신 일기는 짐 정리할 때마다 눈에 띈다. 그렇게 기록해 뒀다면 퇴고를 거쳐 한편의 육아서적으로 탄생시킬 수 있었을 텐데 말이다.

일단, 쓰면 된다

글을 처음 썼을 때는 특별한 일이 있는 날에만 썼다. 어렸을 때 소풍 다녀온 날이나 특별한 이벤트가 있었던 날 기록했던 것처럼 말이다. 화가 나거나 분을 삭이지 못해 선택했던 방법이 편지쓰기였다. 이 편지는 띄우지 못할 편지였다. 내가 하고 싶은 모든 말을 보내지도 않을 편지에 다 담았다. 보내지 않을 거로 생각하고 적다 보니 솔직한 감정이 다 흘러나

왔다. 욕이라곤 몇 개 할 줄 모르지만, 얼굴 앞에서는 하지 못할 속마음을 적는 것만으로도 충분했다.

주지 않을 편지를 쓰고 찢어 버린 날도 있다. 보내지는 않고 썼다가 지우겠다는 마음으로 메시지에 하고 싶은 말을 쓰다가 실수로 전송해 버린 적도 있었다. 그 경험 후로는 받을 사람 전화번호나 메일 주소를 적지 않고 쓰기 시작했다. 전과 같은 난감한 상황을 방지하기 위해서였다. 직접 전달하지 못하지만 제발 알아줬으면 좋겠는 내 마음을 다 적었다. 실제 전달하지 않아도 그렇게 하고 나면 마음이 한결 가벼워졌다. 그 후 보내야 할 편지에는 좀 더 정리된 마음과 정제된 말투로 다시 내 생각을 적을 수 있었다. 그런 경험을 하고도 잊고 살았다. 글로 쓰면 마음과 생각이 정리된다는 사실을 말이다.

첫 책을 출간한 후에도 글 쓰는 날은 주로 속상한 날이었다. 남편과 싸운 날 혹은 아이들 때문에 속상한 날에는 글로 남겼다. 인간관계가 힘든 날이나 열심히 노력하는 데 성과가 보이지 않는 날에도 마음을 써야지만 살 것 같았다. 남아공에서 산후로는 혼자서 스트레스를 풀 방법을 찾을 수 없었다. 혼자 나다니는 것도 위험했고, 운전하기도 겁났을 뿐 아니라 갈 곳도 없었다. 그 덕에 스트레스 푸는 방법이 글쓰기가 되었는지도 모르겠다. 스트레스 풀기 위해 쓰고, 특별하게 할 말만 있어서 글 쓰던 내가 지금은 평범한 날에도 글감을 찾아 기록하고 있다.

라이팅 코치가 된 후, 책임이 생겼다. 글을 아예 쓰지 않는 날은 없다. 짧게 어디에라도 쓴다. 쓰지 않을 수 없는 구조를 만들었기 때문이다. 내가 운영하는 〈글로다짓기〉 회원에게는 매일 한 개의 제시어를 줘야 하기에 짧든 길든 무조건 글 한 편은 써야 한다. 영어 코칭 회원들에게도 매일 카톡 다섯 줄 정도 되는 메시지를 전한다. 짧은 길이에 동기부여 될만한 메시지를 넣는다. 인스타그램이든 블로그이든 카페든 책 집필이든 브런치 스토리든 무엇이든 하루 몇 개는 쓰게 되는 구조다.

일상과 생각, 메시지가 담긴 에세이를 가능한 하루 한 개는 꼭 적으려고 한다. 쓰고 싶은 글을 다 쓰지 못한 날에는 마음에 병이 생길 정도다. 글쓰기가 짐이 되면 안 되는데 쓰고 안 쓰고의 마음의 평안 정도가 다르다. 쓸 거리는 있는데 생각이 꼬여 풀어내지 못하고 저장해 둘 때도 있다. 그럴 때면, 다음 날 해결할 때까지 마음이 찝찝하다. 반대로 말하면 이것저것 글을 다양한 곳에 쓰는 날에는 마음이 가볍다. 뭔가 깔끔하게 끝낸 느낌이 든다. 그렇다고 내 글이 항상 만족스러운 건 아니다. 그저 오늘 하루 내가 루틴에 있는 매일 1일 1 글쓰기를 해냈다는 성취 만족이다.

글은 써야 써진다

초고를 쓰다 보니 막혀서 진도가 나가질 않는 구간이 생겼다. 그렇게 한 번 막힌 상태에서 몇 번이고 원고를 들여다봤지만 해결되지 않았다. 자료도 찾아보고 책도 읽어봤다. 매일 글만 쓰는 게 아니라 강의도 해야 하고 코칭도 해야 하고 집안일에, 현지 어린이집 건축에 해야 할 일이 쌓여 있어 머리가 무거운 상태이기도 했다. 해결되지 않는 집필 원고 한글 창을 상태 줄에 띄워 놓고 열었다 닫기를 반복하다 시간만 흘러가 버렸다. 그사이 강의 준비와 다른 서류 준비에 눌려 초고를 쓰지 못하는 마음이 영 찜찜했다.

글 안 써진다는 말은 끝내 안 하고 싶었는데, 약간의 쓴소리를 들으면 정신이 차려질까 싶어서 글쓰기 스승에게 전화했다. 막힌 부분에 대한 이런저런 핑계를 늘어놓으며 도움을 요청했다. 역시, 내 말은 씨알도 안 먹혔다.

"너무 잘 쓰려고 해서 그래! 지금 글이 안 써진다는 말이 용납이 안 되는데요?"

그리고 초고인데 뭐 하는 거냐며, 일단 막 쓰라는 말만 되돌아왔다. 아무런 반박을 할 수 없었다. 잘 쓰고 싶었던 것도 사실이고, 어깨에 힘이 들어간 것도 사실이었다. 신기한 게 블로그나 브런치 스토리 등 SNS 글을 쓸 때는 어깨가 무겁지 않은데 왜 꼭 '책 초고 집필'이라는 타이틀만 달리면 작가 코스프레가 시작되는지 모르겠다.

전화를 끊고 기분이 나쁘기보다 오히려 마음이 한결 가벼워졌다. 바로 그날 밤 막혀서 써지지 않았던 두 꼭지를 완성했다. 꼭지 제목을 바꾼 것도 아니고 뭐 달라진 건 아무것도 없었다. 그저 기존에 쓰다가 막힌 그

자리부터 시작해서 머릿속에 있는 것을 차근차근 풀어쓰기 시작했다. 답답했던 마음이 확 풀어졌다. 그 후로 쭉쭉 이어서 초고를 썼다. 이틀 만에 네 꼭지를 완성했다. 이럴 거면 빨리 전화할 걸 그랬다. 쓰니까 숨통이 트였다.

　몇 주 전, 중학생이 된 딸 은별이 내게 장문의 편지를 줬다. 장장 A4 두 장이 가득 메워지는 분량이었다. 이 정도면 책 한 꼭지 분량인데 깜짝 놀랐다. 얼마나 할 이야기 많았으면 손으로 꾹꾹 눌러 두 장을 채웠을까 싶었다. 편지를 읽으면서 두 번 놀랐다. 첫 번째는 별이 그런 마음을 가지고 있었는지 몰랐다는 것이었고, 두 번째는 그렇게 자기 마음을 표현할 수 있을 만큼 자랐다는 사실이었다. 말로 표현하기 힘들어 글로 쓴다는 내용 또한 담겨있었다. 말로 할 수 없는 내용을 편지로라도 표현하지 않았다면 나는 계속 은별이 원하는 것을 몰랐을 거다. 또한, 오해는 깊어져 갔을지도 모르겠다. 글이라는 게 말과는 다른 힘을 갖는다. 때로는 말과 다르게 오해도 생기지만, 대부분 말로 해결되지 않는 것은 글로 해결되기도 한다. 결국, 글이 관계를 살리기도 하는 것이다.

　단순히 글을 쓴다는 이유로 내 마음이 편안해지기도 했지만, 글은 나를 위해서만 쓰는 게 아니다. 마음을 전하는 편지도 그러한데, 메시지가 담긴 글을 보는 독자에게는 분명 도움이 되리라 본다. 내가 경험한 이야기를 글로 쓰고 그 안에 메시지를 담아내면 된다. 내가 쓴 글은 필요한 그 누군가가 읽는다. 설사 그 누군가가 내게 도움이 되었다는 말을 안 할지라도, 혹은 도움이 필요한 누군가가 아직 읽지 못했더라도 괜찮다. 내가 써 놓기만 하면 언젠가 필요한 사람에게 가서 닿게 되리라 믿는다. 그럼 글을 쓰는 내 마음도 살고, 내 글을 읽은 사람도 살게 될 거라고 기대해 본다.

탓할 게 아니라
감사하라

> 우리가 상황을 선택할 수는 없지만,
> 그 상황에 대한 태도는 선택할 수 있다.
>
> – 존 C. 맥스웰

한국에 살 때는 피부병으로 고생한 경험이 거의 없었다. 뾰루지 한두 개 혹은 건조한 날씨 탓에 피부가 트는 일은 금세 해결됐다. 남아공에 온 이후로 1년에 두세 차례는 크게 피부병을 앓고 있다. 의사는 습진이라는데, 습진이 생기는 부위도 특이하다. 목뒤 혹은 귀 바깥, 귓불, 쇄골, 팔꿈치 주변까지 돌아가면서 생겼다. 이러다 말겠지 싶어서 집에 있는 로션을 듬뿍 발랐다. 한두 번씩 이곳 병원에서 처방받은 습진 연고와 한국에서 가져온 아토피 및 피부 발진 연고까지 번갈아서 덕지덕지 발랐다. 건조함의 극치인 남아공 날씨 탓도 있지만, 면역력 저하가 더 큰 문제라 본다. 한때는 얼굴에 생겼는데, 왼쪽 눈과 볼이 풍선처럼 부어오르면서 눈까지 충혈됐다. 순간 얼굴이 어떻게 되어버릴 것 같은 두려움에 얼른 병원을 찾았다. 마치 100세 할머니나 되어야 볼 수 있을 법한 주름이 이마와 광대뼈에 생겼다. 약을 처방받고 항생제를 먹어도 큰 차도가 없더니 며칠 잠을 일부러 좀 많이 자니까 좀 누그러지는 듯했다. 증상이 깨끗하게 사라지기까지는 2주 남짓 걸렸다. 이렇게 몸에 이상 신호가 하나둘 오기 시작하면 내 삶을 점검하게 된다.

남편은 옆에서 나를 지켜보면서 일 좀 줄이라고 말한다. 이런 말 들을 때면 마치 내가 일 중독자가 된 듯한 느낌이다. 혹은 그 말에 내가 무식하고 무모하게 살고 있나, 몸을 혹사하고 있는 건 아닌가 싶은 생각마저 든다. 나는 하루 6시간 자도 빌빌거리는데, 대체 하루 4시간만 자고 자기계발하면서 오히려 힘이 팔팔 나고 생기가 돈다는 사람은 어떻게 사는걸까 싶을 정도다.

네 탓, 환경 탓

남아공은 고산지대다. 프리토리아만 해도 해발 1,400m가 넘는다. 여기서 지내다가 한국에 가면 거짓말 좀 보태 날아다닐 정도로 몸이 가볍다. 빡빡한 일정을 보내고 새벽에 잠들어도 다음날 피곤함이 극에 달하지 않는다. 며칠 그렇게 피로가 쌓여도 버틸 만하다. 반면 남아공에서는 조금만 무리해도 느껴지는 피로감은 훨씬 크다. 남아공에서 살다 한국을 방문하고 온 사람들이 비슷하게 느끼는 부분이다. 한국에서는 이렇게까지 많이 빠지지 않던 머리카락이 여기서는 한 움큼씩 빠진다. 이러다 대머리가 될 거 같다. 석회질 많고 수질 상태가 나쁜 남아공 물 때문이라는 생각이 든다. 물이 떨어진 자리나 수전 주변은 물기가 마르면 허옇게 자국이 남는다. 가끔 모래가 수전에 끼기도 한다. 아무튼, 몸에 생기는 이상은 남아공에서 살기 때문이라는 탓을 하고 만다. 하루 3회 2시간씩 혹은 4시간도 연달아 나가는 남아공의 전기 사정, 인터넷 사용 중에도 몇 번씩이나 와이파이가 끊겼다가 다시 이어지는 상황은 불평 불만을 부른다.

"내가 한국에 살았다면 이런 불편한 환경은 겪지 않아도 될 텐데….'라며 구시렁거린다. 정전되면 해야 할 업무를 위해 와이파이 되는 곳으로 이동하곤 했다. 전자기기 충전이 필요하면 카페를 뛰어갔다. 정전이 아이들 하교 시간과 맞물리면 미리 아이들 먹을 음식을 마련해 놨다. 전기 스토브를 쓸 수 없기 때문이다. 온라인으로 일하고 강의를 하다 보니, 가능하면 한국 저녁 시간에 맞춰 이곳 일정을 조정한다. 모든 게 내 중심으로 흘러가도록 만들었다. 고맙게도 남편, 아이들도 다 이해해 줬다. 그렇게 배려를 받아도 늘 시간에 쫓겼고, 더 많은 시간이 내게 허락되지 않는 것에 대한 불만이 쌓였다.

열심히 살다 보면 번아웃이 자주 온다. 열심히 살지 않은 사람은 번아웃이 올 리가 없지 않은가. 그러나, 번아웃은 내가 생각하는 이상만큼 일상이 따라오지 못할 때 생겼다. 마음에서 환경에 대한 불평이 커지면서 '그냥 적당히 하자'는 마음이 생겼다. '어차피 정전 때문에 강의 못 들어가.' 상황 탓하는 마음이 핑계같이 느껴졌다. 어딘가 찝찝한 마음이 이어졌다. 예전 같으면 녹화본이라도 요청했을 거다. 별수 없는 상황이지만 그냥 포기다. '그래. 그렇게 열심히 해서 뭐해. 적당히 하지 뭐.' '애들 잘 챙기는 게 엄마가 할 일이야. 간식 챙겨주고, 집안일 좀 더 하지 뭐.' 상황이 반복되자 급기야 타협하고 싶은 마음이 불붙듯 일어났다. 글쓰기 강의는 매달 신청했지만 들어가지도 못했다. 그렇게 5개월이 흘렀다.

코로나 환경이 좀 나아지니 오프라인 모임이 점점 늘어났다. 한국 소식을 접하면, 오프라인에서 누가 누굴 만났다는 소식이 들린다. 북 토크하러 만나고, 글쓰기 모임도 한다. 교보 문고에 다 같이 모여 저자 사인회도 하고, 코치 모임도 한다. 지인은 한 달에 한 번 오프라인으로 친목 모임을 한다. 분기별로 소리튠 코치 모임이 있다. 내가 기껏 할 수 있는 건 온라인으로 줌에 참석할 뿐이다. 이것도 2주에 한 번, 새벽 12시 반 혹은 1시에 겨우 졸음을 이기고 참석한다. 시차가 맞지 않으면 한국에서 여는 북 토크 모임이나 글쓰기 모임을 참석할 수 없다. 또 환경 탓을 시작한다.

주어진 상황을 적극적으로 활용하기

'나는 남아공에 있어서 못한다.'는 불평이다. 지인이 말한다. '남아공에서 북 토크 모임 여세요.' 그 생각 안 해 본 건 아니다. 실제로 할 사람이 있는지 물어보지도 않았지만 한다는 사람도 없을 것 같다. 한국어 종이책도 파는 곳이 없다. 그저 내가 할 수 없는 것에 초점을 두고 보니 이 제한적 상황에 대한 불만이 하나둘 생겨났다. 현지에서도 얼마든지 영어책을 가지고 북 토크하면 되지 않을까? 한국에서 좀 일찍 자는 사람이나 늦게 자는 사람 찾아서 같이 할 수도 있지 않을까? 꼭 시간대를 새벽에 할 필요가 있을까? 수요에 맞는 시간을 맞추면 되지 않을까? 오프라인에서 못 만나면 온라인으로도 얼마든지 이야기하고 만남을 지속할 수 있지 않을까? 반문하면서 생각을 바꿔보려고 하니 할 수 있는 쪽으로 마음이 맞추어졌다.

환경 탓이 아니라 내 마음이 문제였다. 다른 사람이 하는 모임, 다른 사람이 하는 활동을 보면서 내가 할 수 없는 것만 보고 있으니 '탓'하는 마음만 생긴 거다. 어쩌면 조금 불편하고, 자신 없는 마음을 에둘러 핑계 대고 있었던 건지도 모르겠다. 현지에 사는 한국 사람들이 모두 피부병으로 고생하지 않는다. 모두 탈모로 고민하지는 않는다. 알면서도 나는 자꾸 환경 핑계를 댔다. 햇볕이 뜨거워서라고, 물에 석회가 많아서라고, 좋은 화장품을 쓰지 못해서라고 말이다. 내 면역 체계가 허물어졌을지도 모르지만, 꼭 남아공 환경 탓만이 아닌 복합적인 문제일 수도 있다. 어쩌면 장시간 앉아서 머리 싸움하며 글 쓰고 작업하느라 피가 머리로 쏠려 머리카락이 빠질 수도 있다는 생각도 든다. 이마저도 핑계일지도 모르겠다.

남아공에 왔기 때문에 『삼 남매와 남아공 서바이벌』 책을 쓸 수 있었다. 남아공에서 살기 때문에 다른 사람이 보지 못하는 야생 동물이나 자연을 본다. 흔하지 않은 한식 재료에 깊은 감사가 우러나온다. 정전이나 인터넷이 불편하지만, 덕분에 일상의 당연하지 않은 감사를 깊이 느낄 수 있다. 한글 종이책이 없는 덕분에 덕분에 전자책 활용도가 높아졌다. 스마트폰 하나면 무겁게 책 들고 다니지 않아도 몇 권이고 병렬 독서도 가능하다. 남아공에서 살지 않았다면 영어가 간절했을까? 영어 공부하고 싶은 마음 있었어도 이렇게까지 죽기 살기로 안 했으리라. 영어 소리 코치는 생각도 못 했을 것이다. 남아공에서 살지 않았다면 글 쓸 생각을 했을까? 작가가 되고 싶다는 생각을 해봤더라도 쉽게 접었을 테고, 보육교사로 살며 아이들 돌보는 일상에 바빠서 온라인을 제대로 안 봤을 거다. 작가를 하지 않았다면 이렇게 글을 쓰지 않았을 것이다. 책 쓰기 코치로 사는 인생은 생각도 못 해봤을 게 분명하다.

상황 탓할 게 아니었다. 오히려 할 수 없을 것 같은 상황에서 도전 의식이 불붙듯 일어났다. 한 번 해보리라는 의지가 더 활활 타올랐다. 내게 주어진 남들과 조금 다른 환경에서 할 수 있는 일에 집중했고, 시도했기 때문에 지금의 나를 만날 수 있게 되었다. 나와 비슷한 환경에 놓였지만 하지 않는 사람도 많지 않은가. 탓할 거 없다. 내 탓도 남 탓도 환경 탓도. 그저 주어진 환경에서 할 수 있는 일에 집중하면 되는구나 깨달았다. 내가 하고 싶은 일을 하면 된다. 극복해야 할 환경이라면 극복하고, 이용해야 할 환경이면 이용하면 되는 거였다.

탓할 게 아니라 오히려 감사해야 하는 삶이다.

사색을 통해 발견한 것은 희망이었다

당신이 만일 생각하지 않는 사람이라면
당신은 무엇을 위한 인간이란 말인가?

– 콜리지

집 근처에는 산이 있다. 자연 보호 구역인데, 등산로라고 하기에는 산이 좀 낮고 산책로라고 하기에는 고도가 좀 있는 곳이다. 둘레길과 등산로가 함께 있는 이곳에서는 흙길, 나무길, 돌밭 길을 다 만날 수 있다. 발을 잘 디뎌 넘어지지 않게 걷는 것만으로도 많은 에너지가 소비된다. 프리토리아는 해발 약 1,400m 정도 되는데, 산에 올라가면 적어도 200m 정도는 더 높으니 조금만 걸어도 숨이 차다.

사색을 찾는 시간

가끔 남편과 함께 산에 간다. 운동 목적 외에 산에 가는 이유는 '사색'이다. 사색이란 단어가 철학적 용어인 것 같고, 뭔가 거창하게 느껴지지만 그리 어려운 일은 아니다. 산길을 걸을 때면 내 몸이 움직이는 것에 집중하게 된다. 걷는 속도와 내 호흡에 집중한다. 눈에 보이는 것과 생각을 연결한다. 느리게 걸을 때보다 빠르게 걸을 때 생각도 같이 전환되는 기분이랄까? 나는 그랬다. 1시간 힘들게 몸을 움직였는데, 마치 1시간 내내 뇌가 운동한 것 같은 느낌말이다.

나는 이 시간을 "생각을 걷는 길"이라고 말한다. 걷는 시간이면 생각이 많아진다. 일부러 걷는다. 산책할 때 아이디어가 떠오른다. 진짜 책은 집 밖에 있다고 말하곤 하는데, 이는 경험을 말한다. 그게 바로 진짜 '산 live 책 book'이 되기 때문이다. 보통 '생각'이라고 하면 그냥 떠오르는 무언가 혹은 머릿속에 휙 지나가는 무언가를 말한다. 그냥 흘러가는 생각은 매우 자연스러운 것인데, 사색을 위해서는 잠시 멈춰야 한다. 발전하고 성장하기 위해서는 "그 무엇"에 좀 더 깊이 몰입하는 과정이 필요하다. 그게 바로 나의 사색이다. 생각과 사색을 나누려고 하는 이유는 생각을 많이 한다고 해서 사색으로 이어지는 건 아니기 때문이다. 이런 시간을 통해서 사색이 저절로 되는 게 아니라는 걸 알게 되었다.

사색을 실행하는 방법

철학자 괴테는 "너의 머리가 아닌 너의 눈과 귀 가슴으로 생각하라."라고 말했다. 괴테가 말하는 여덟 가지 사색법이 있다.

첫 번째는 최고의 그림을 감상하라.

두 번째는 생각을 기록하라.

세 번째는 세상의 모든 것을 차분히 관찰하라.

네 번째는 나이가 나를 떠나게 하라.

다섯 번째는 무엇이든 긍정하라.

여섯 번째는 언제나 의문 하라.

일곱 번째는 뜨겁게 산책하라.

그리고 마지막 여덟 번째는 그리고 실행하라.

괴테의 사색법을 알고 난 뒤, '내가 하는 사색법이 맞았구나! 잘하고 있구나!' 싶었다. 여덟 가지를 모두 하는 것은 아니지만, 매일 생각을 기록하고 있다. 생각나는 것들을 적고 오늘 경험한 일을 글로 남기면서 어떤 메시지와 연결할지 곰곰이 생각하는 시간을 갖는다. 노력이 좀 필요한 일이다. 아무거나 툭툭 떠오른 것을 모두 다 쉽게 연결할 정도로 아직 사색 베테랑은 아니기 때문이다. 사색은 할수록 느는 게 맞는 것 같다. 좀 더 시간을 투자해야 한다. 또한, 가능한 가까운 주변부터 놓치는 것은 없는지 관찰하려 애를 쓴다. 가깝게는 아이들의 모습이나 말도 그렇다. 일상을 관찰하다 보면 현상과 생각이 만나 메시지가 나온다. 그럼 또 하나의 글감 메시지로 자리 잡기도 한다. 더불어 관점을 달리해서 생각해 본다. 이 과정은 나의 아량을 넓혀준다. 겉으로 보이는 현상 너머의 본질을 보려고 집중한다. 이것을 돕는 게 '질문'이다. 계속해서 내 생각이 꼬리를 물도록 질문한다. 때로는 남편이나 친구, 지인에게도 질문한다. 이렇게만 해도 얼추 잘하고 있다며 스스로 위로했다. 뜨겁게는 아니지만, 때때로 산책하며 시간을 보내고 있다. 생각하고 계획한 바를 하나씩 실행하려고 애쓰는 거다.

내가 하는 많은 생각은 건설적인 생각보다 고민의 비중이 더 컸다. 심지어 무엇을 먹을지, 무엇을 입을지도 고민한다. 삶의 모든 순간은 선택이다. 선택의 폭은 넓고, 가짓수는 많다. 아직 일어나지도 않은 미래를 걱정하는 때가 잦았다. "이거 안 되면 어쩌지?", "실패하면 어쩌지?", "만약에 잘 못 되면?" 등의 변수 예방 목적하에 걱정을 사서 하는 부류였다. 돌다리도 두들겨가는 게 나쁜 건 아니지만, 오히려 진취적으로 나가지 못하도록 막는 걸림돌이 됐다. 그 탓에 도전이 힘들었고, 실패와 거절에 대한 상처가 많았다. 부탁하기보다 스스로 다 해결하려고 끙끙거렸다. 겉으로 표현하기보다 속앓이하다가 해결되지 않으면 그대로 구겨서 가슴 밑으로 밀어 넣기도 했다. 어쩌다 고민을 누군가에게 말하면 공감을 해주기도 했지만, 어떤 사람은 내게 질문을 던졌다. 그 시간을 통해 생각이 확장되었다. 실제 내가 가진 고민이 그다지 심각한 일이 아니라는 것도 알게 되었다.

읽기와 쓰기, 그리고 사색의 연결

사색은 생각에서 멈추거나 그 상태로 끝나는 게 아니었다. 스스로든 누군가와의 대화를 통해서든 질문을 주고받는 과정에서 확장되었다. 또한, 말로 정리가 안 되는 부분은 글로 끄적거리면서 풀리기도 했다. 글로 적으면 생각이 확장되는 경험을 한다. 마치 없던 길 하나가 생기는 기분이 들 때가 있다. 적어두었던 내용을 친구나 남편, 혹은 강의에서라도 다시 한 번 말로 정리하는 과정을 거치면 생각이 좀 더 단단해지고 확고해지기도 한다.

가장 좋은 질문은 "왜?" 그리고 "어떻게?"이다. 글쓰기 강의나 기획 컨설팅을 할 때도 회원과 라이브로 대화한다. 질문하고 이야기하다 보면 쓰고자 하는 주제가 정리된다. 회원의 고민 또한 글로 풀어내기 위해 질문하고 대화하면서 적고, 생각을 확장의 과정을 거치면 간단명료하게 풀어지는 일도 있었다. 되는구나! 신기했다.

지식과 지혜는 다르다. 그 지혜는 사색에서 나온다. 바쁠수록 사색해야 한다고 말한다. 머리가 복잡할수록 잠시 멈추는 시간이 필요했다. 일이 꼬이거나 잘 풀리지 않을수록 가져야 하는 시간이 사색하는 시간이다. 그래서 책을 읽거나 글을 쓰고, 대화 시간을 만들려고 애쓴다. 책 100권을 읽어도 그냥 흘려버리면 내 것으로 만들 수 없다. 한 권, 아니 한 꼭지를 읽더라도 제대로 문장 독서하는 게 생각을 키우는 큰 힘이 된다. 책에서 와 닿은 내용이나 이해가 되지 않는 문장이나 내용을 놓고 씨름하는 시간도 사색의 과정이다.

실제로 내가 사색을 통해서 발견할 수 있는 것은 '사실'이었다. 그리고 '희망'이었다. 생각의 길을 따라 걷다 보면 과거의 경험이나 관계에 도달하게 된다. 그것은 다시 글감이 되고, 글쓰기로 이어졌다. 글 쓰고 책을 읽으면서 '사색'을 알았다. 책 읽기는 사색이다. 길 끝에는 글쓰기가 있었다. 생각을 부여잡고 잠시 몰입하는 시간을 만들기 위해서라도 말하고, 듣고, 읽고, 쓰는 삶을 지속해야 한다. 분명 나는 이 방법을 통해 성장하고 있다고 확신한다.

⑥
단 한 사람만
있으면 된다

혼자서는 바다를 건널 수 없다. 함께하면 가능하다.

- 존 레이스브로크

헬스장에 가면 혼자 운동하는 사람이 대부분이다. 일대일 개인 PT를 받는 사람도 있다. 개인 PT를 받는 사람은 오만상을 다 쓰면서도 코치가 지켜보는 가운데 끝까지 운동을 해내고 만다. 수영이나 복싱, 필라테스, 요가 등 스튜디오에서 이루어지는 운동은 코치 한 명에 다수의 회원이 함께한다.

낯선 남아공에 와서 운동하러 처음 헬스장에 갔을 때 일대일 트레이너가 일일 상담을 해줬다. 일대일 코칭을 붙이기 위한 약간의 상술 단계이지만 어떻게 운동해야 하는지, 이전 운동 경험은 있는지, 운동 목표가 무엇인지 내게 물었다. 영어가 잘 안 들려서 대충 내가 하고 싶은 말만 하고 고개를 끄덕였지만, 내게는 도움이 됐다.

개인 트레이닝을 받으면 영어도 늘 것 같고, 운동도 좀 더 효율적으로 할 수 있을 것 같았다. 돈은 빠듯하고, 실내 기구들을 활용해서 혼자 열심히 운동했다. 기계 운동을 별로 안 좋아하는 터라 지루하기도 했다. 스튜디오 안에서 큰 음악을 틀어놓고 함께 모여 운동하는 사람들을 보면서 나도 들어가서 함께 운동하고 싶었다. 그러나 어찌나 부끄러운지 전부 외국인만 있는 스튜디오에 문을 열고 들어갈 용기가 나질 않았다. 밖에서 운동하면서 몇 개월간 투명 유리 안쪽을 힐끔거리며 구경만 했다.

어느 날, 어차피 운동하는 거 좀 더 재미있게 운동도 하고 누릴 수 있는 혜택은 다 누려야겠다는 생각이 들었다. 문을 벌컥 열고 들어가 뻔뻔하게 참여했다. 누군가 불러주는 구령에 맞추어 운동하는 것만으로도 힘이 났다. 혼자 할 때는 운동하다가 못하겠으면 적당히 하고 나왔는데, 다른 사람들과 함께하니 어떻게든 50분을 다 채울 수 있었다. 나는 역동적인 운동을 좋아하는데 그제야 운동할 맛이 났다.

같이의 힘이 주는 가치

소리튠 코치 3년 차가 되었다. 그사이 수많은 회원을 만났다. 코칭을 받으러 오는 사람들은 보통 영어 소리를 바꾸고 싶거나 발음을 제대로 배우고 싶어서 오는 사람이다. 누군가 밀어주거나 당겨주지 않으면 힘든 사람들이다. 첫 만남에서 보면, 코치가 잘 가르치는 사람인지 아닌지 의심하며 들어오는 사람이 있고, 처음부터 확 맡기고 들어오는 사람이 있다. 코치로서 확신을 주고 확 이끌어주면 쑥 들어온다. 대부분 잘 따라오는데, 일상이 바빠서 하루 이틀 빠지는 횟수가 늘어나는 사람도 있다. 이럴 땐, 매일 귀찮게 메시지를 보내고 음성 예습 파일, 코칭 파일을 보내주면 마지못해서라도 훈련해서 보낸다. 어떤 면에서는 코치에 대한 미안한 마음이 있기도 할 거다. 1단계에서 5단계의 훈련 과정을 모두 마친 회원들이 건네는 말이 하나같이 똑같다.

"코치님 아니었으면 제가 이렇게 할 수 없었을 거예요. 정말 감사합니다!"

이때마다 '같이의 힘'이 얼마나 가치 있는지 느낀다. 코칭하는 데 시간과 노력이 들어간 것은 분명하다. 돈을 냈건 안 냈건 노력은 본인 몫이지만 누군가 나의 성장을 위해서 함께 한다는 사실만으로도 힘을 받는다. 끌어주고 함께 뛰어주는 사람 자체가 촉매제가 된다.

같이하면 함께 성장한다

자이언트 북 컨설팅에서 강의를 듣고 책을 내고, 책 쓰기 코치가 되었다. 책 쓰기 코치 수업을 들으면서 동료 코치들을 본다. 이미 수업을 시작하고 빠른 속도로 치고 나가는 사람도 있고, 아직 시작 못 한 사람도 있다. 예비작가 단톡방에는 출간계약과 출간 소식이 거의 매일 올라온다. 매일 축제 분위기다. 단톡방에 있으면 여러 가지 감정을 느끼는데 사실 나 스스로 오징어 같다고 생각하게 만드는 때도 많다. 다른 사람은 이만치 해냈는데, 나는 여태 뭐하나 싶은 생각도 든다. 그러나 그런 생각보다는 나도 어서 저렇게 만들어야겠다는 동기부여를 더 많이 받는다. 다른 사람의 성장이 곧 나의 성장으로 연결되는 기분이다. 라이팅 코치 수업을 듣고 당장 수업을 시작해야 하는데 막막했다. 대체 어떻게 시작하면 되는 건지, 그냥 무식하게 덤비면 되는 건지 망설여졌다. 일단 과정 수료를 했으니, 시작은 해야겠고 내가 제대로 잘할 수 있을지는 모르겠고 우왕좌왕할 때 옆에서 남편은 말로 힘을 줬다.

"그냥 하면 되지. 최주선 잘하잖아. 할 수 있어. 밀어붙여!"

무엇을 하든 늘 농담 반 진담 반 힘을 주는 남편이다. 나의 큰 조력자다. 직접 대신 뭘 해주지 않아도 말과 마음만이라도 함께 해주는 사람이 있다는 게 이렇게 든든한 건가 싶다.

객관적 시선으로 나를 도와줄 사람이 필요했다. 자이언트 대표와 다른 작가들도 많이 있지만, 옆에서 내 이야기를 가깝게 들어주고 조언해 줄 사람 말이다. 소리튠 회원으로 만나 코치로 함께 성장하고, 이제는 가까운 친구가 된 미선에게 내 계획을 이야기했다. 그저 묵묵히 내 이야기를 들어 주면서 여러 가지 아이디어를 쏟아 내줬다. 계획한 것에 손뼉만 쳐주는 게 아니라 "이건 어떤 거 같아요?", "이런 것도 있던데" 하면서 내가 하려는 일에 힘을 실어 줬다. 책 쓰기 코치로서의 첫 시작에 1호 정규 회원으로 들어왔다. 정규과정을 시작할 수 있도록 도와준 일등 공신이다. 또한, 나의 1호 출간 작가가 되었다. 나와 함께 하는 단 한 사람만 있어도 뭔가 시작할 수 있는 용기가 생긴다. 딱 한 사람이라도 내 의견에 동조해 주면 새로운 것을 만들고 추진하는데 의지가 솟는다. 하물며 같은 길을 걷는 사람이 많으면 많을수록 그 시너지는 엄청나지는 걸 경험한다.

공저 작업에 네 번 참여했다. 보통 공저는 열 명 내외의 작가가 모인다. 공동 집필이기에 각자가 맡은 분량이 있다. 혼자 쓰면 40꼭지를 써야 하는데, 같이 쓰면 1인당 네, 다섯 꼭지 정도를 쓰면 된다. 자이언트는 기한도 빡빡하다. 1주 차 초고 완성, 2주 차 퇴고, 3주 차 짝꿍 퇴고, 4주 차 추가 퇴고로 진행한다. 초고부터 시작해서 투고까지 한 달 안에 완성하는 일정이다. 처음에는 이게 가능할까 싶었지만, 공저에 참여한 사람은 맡은바 기한 안에 모두 맞추어 제출한다. 중간에 혹여 잠적하거나 기한에 맞추지 못하는 상황이 생기면 팀 전체에게 피해를 주는 상황이 발생한다. 함께하는 작업인 만큼 책임이 필요한 일이다. 혼자가 아니라 함께해서 한 권의 책을 완성할 수 있다는 사실에 큰 힘을 얻는 셈이다. 또 한 권의 공저 집필을 마쳤다. 역시 이번에도 같이 해냈다.

주는 사람이 더 성장한다

내가 생각하는 행복의 관점은 두 가지다. 한 가지는 이전에 할 수 없었던 일을 배우거나 터득해서 할 줄 알게 되는 순간 느끼는 '만족과 성취감'이다. 새로운 것을 만나고 좌충우돌 과정을 거친다 해도 결국 임계점을 넘어 내 것을 만들어가는 과정이 행복을 느끼게 만든다.

어느 날 불현듯, 할 줄 몰랐던 것을 할 줄 알게 되는 나를 보았다. 시간의 축적 끝에 얻게 된 자격과 능력, 기회들이 나를 좀 더 나은 사람으로 만들어 준다는 걸 알게 되었다. 다른 한 가지는 타인이 나를 통해 성장하는 모습을 보는 '관계적인 관점'이다.

흙에 씨앗을 심고 물을 주고 정성으로 관리하면 새싹을 피우고, 꽃을 피우며 무럭무럭 자란다. 누군가에게 내가 줄 수 있는 모든 도움을 주면, 도움을 받은 사람만 성장하는 게 아니라 나도 함께 성장하게 된다. 그 과정에서 서로의 긍정적인 에너지가 폭발적으로 일어난다. 행복감과 더불어 만족, 자존감까지 끌어 올려주는 시간이 된다. 단 한 사람의 영향력이 얼마나 큰지도 느낄 수 있다.

늘 그랬다. 인생을 살면서 무언가 하고 싶지만, 망설여지거나 겁이 날 때는 같이할 한 사람을 찾아서 함께 했다. 친구였고, 부모님이었고, 남편이었고, 내 아이들이었다. 성장하고 싶은데 용기가 필요할 때는 나와 함께 할 사람을 찾아보길 권한다. 개인뿐 아니라 단체의 힘을 빌려도 좋다. 나를 이끌어 줄 멘토를 찾는 것도 필요하다. 앞으로도 계속 찾으려 한다. 그게 누가 되었든 단 한 사람만 나와 함께해도 곱절의 힘을 얻을 수 있었다. 이제는 이전의 나처럼 시작을 망설이는 사람을 위해, 내가 그 '한 사람'이 되어 주기 위해 발로 뛰고 있다. '같이'가 가져다주는 성장의 기쁨을 알아가는 중이다.

열망과 삶은
연결되어야 한다

당신은 오늘의 계획을 또 내일의 설계를 생각해야 한다.
그리고 성실한 마음으로 그 계획을 실행에 옮겨야 한다.

– 스탕달

씨실과 날실 그리고 인생

직물 공예에 보면 "태피스트리(Tapestry)"라고 불리는 용어가 있다. 염색된 실을 이용하여 모양을 짜나가는 방식을 말하는데, 염색과 직조의 난이도에 따라 그 제작 기간이 천차만별이다. 이 태피스트리를 활용한 직물 공예 작품은 중세 시대, 유럽에서 유행했던 직물 공예 기법으로 주로 성 내부의 벽을 장식하고 벽의 냉기를 막는 용도로 사용되었다.

삶은 무수한 실이 모여 함께 묶이는 태피스트리의 작품과 같아 보인다. 씨실과 날실을 엮어가며 그림을 만들어가는 그 과정 안에 모든 실패와 성공의 성장 과정이 다 녹아 들어가 있으니 말이다.

태아는 엄마와 탯줄로 연결되어 있다. 세상으로 나올 때, 탯줄을 끊고 엄마와 떨어지지만, 연결의 끝이 아니라 시작이 된다. 진짜 인생과의 연결 말이다. 세 아이를 출산했을 때마다 가슴 위에 아이가 올려졌었다. 힘차게 울어대는 소리와 아이의 체온을 느끼며, 이제 진짜 내가 생명을 가졌다는 느낌이 있었다. 오히려 배 속에 있을 때보다 탯줄을 자르고 나서야, 이제는 정말 떼려야 뗄 수 없는 관계가 되었다는 생각이 들었다.

과거와 현재의 연결

글을 쓴 이후로 연결에 대한 깊은 이해가 생겼다. 글을 쓸 때 '연결'을 잘하면 무릎을 탁! 이마를 빡! 치는 경험을 한다. 과거와 현재를 연결하고, 사람과 사물을 연결한다. 현상을 통해 자꾸 그 안을 들여다보며 글과 연결해 보려 애쓴다. 전혀 관계가 없는 것끼리도 연결이 되는 걸 경험한다. 그럴 때면 강제 연결의 힘을 느낀다. 처음에는 잘 안 되던 연결을 하려고 애쓸수록 되는 게 신기하다. 점점 글 쓰는데 흥미도 붙는다. 일상과 메시지를 연결하고, 관계와 글쓰기를 연결하다 보면 세상에 단 하나뿐인 나만의 글을 쓸 수 있는 아주 좋은 방법이 된다. 고급 기술이다. 책을 집필할 때도 연결에 초점을 두고 글을 쓴다.

글에서의 강제 연결은 신기하게도 노력하면 되는데, 인생에서의 강제 연결은 쉽지 않았다. 오히려 내가 연결하려고 애쓰면 애쓸수록 떨어져 나가거나 멀어졌다. 반면, 애쓰지 않아도 한 가지에 여러 개의 가지가 연결되면서 확장되는 경험도 했다. 관계뿐 아니라 성장하고자 열망하면 그 간절한 열망의 불씨가 단단한 철이 되어 사방의 연결 고리를 자석으로 끌어 당기는 듯한 경험도 해봤다. 그게 바로 사람을 통한 일의 연결이었다.

친했던 친구와 잘 지내다가, 정작 그 친구와는 멀어지고 그 친구의 친구와 내가 더 친해지게 된 경험이 있다. 남편과 만남은 지인의 소개가 씨앗이 되었고, 몇 년 후 드라마같이 다시 만나 연결되었다. 어린 시절 깔짝거리면서 배웠던 악기 덕에 교회에서 예배 반주를 할 수 있었고, 고등학교 때 배운 우쿨렐레 덕분에 현지에서 아이들과 교사들 악기 교육을 할 수 있었다. 사역지를 개척할 수도 없고 힘든 시간을 보내던 중 새로운 관계가 열렸다. 남편 친구를 통해 그 교회에서 파송했던 선교사가 우리와 같은 지역에 있다는 사실 덕분이었다. 우리는 우연을 가장한 필연으로 함께 묶였다. 보육교사 10년의 여정이 내게 좋은 경험의 자양분이 되었다. 현지에서 어린이집을 세우고 교사와 아이들 교육하는 첫걸음을 걷게 해주었다. 모두 우연이라고 말할 수 있는 단적인 이야기지만, 그렇게 생각하지 않는다. '과거의 나와 현재 나'의 연결이다. 과거의 모든 경험이 지금의 나를 있게 만들어 준 연장선이다.

남아공 현지인들의 모습에서 간혹 한국 사람들의 모습이나 비슷한 문화를 보게 된다. 다른 음식이지만 같은 식재료를 사용하고, 다른 문화이지만 비슷한 경험도 한다. 서로의 다른 문화와 배경을 이해하려고 애쓰기도 한다. 인터넷 하나로 세계가 연결되었다. SNS를 통해 전혀 몰랐던 정보를 접한다. 공부하고 강의 듣고 새로운 공동체에 속해서 관계를 맺고 배워나간다. 인터넷이 세계를 연결해 준 공로에 대해서는 말해 무엇 할까. 그 덕에 나는 영어코치가 되었고, 글을 써서 공유해서 책을 출간한 작가가 되었다. 라이팅 코치로 책 쓰기 강의를 한다. 이러한 연결이 없었 다면 아마도 지금의 나는 만나지 못했을 거다. 한국에서 살든 남아공에 서 살든 삶의 모습은 아주 다르지 않다. 여전히 가족, 친구 등 관계 안에 서 긴밀히 연결되어 살아간다. 연결이 중요한 이유는 언제 어디서 어떻 게 엮일 수 있을지 모르기 때문이다. 그렇다고 그 연결의 기회만을 노리 면서 주야장천 달리는 게 아니다. 좀 늦게 가더라도, 잘 안 될지라도 그 과정에서 충실하면 된다는 것을 알게 되었다.

> "우리가 알거니와 하나님을 사랑하는 자 곧 그 뜻대로 부르심을
> 입은 자들에게는 모든 것이 합력하여 선을 이루느니라."
>
> (로마서 8장 28절)

성경에 모든 것이 합력하여 선을 이룬다는 말씀이 나온다. 나는 이 말 씀을 어렸을 때부터 듣고 자랐다. 여기서 말하는 합력하여 선을 이룬다 는 말은 교회 안에서 공동체로 만난 사람들과 주로 사용하는 말이다. 각 자의 역할을 하나로 묶어 공동체를 결속력 있게 만들어 갈 수 있다는 의 미이다. 나는 이 말씀을 교회 안에서뿐 아니라, 내 개인 삶에서도 경험하 며 살았다. 세상의 이치가 모두 연결이라는 생각이 든다. 사람과 사람이 연결되고, 사람과 사회가 연결되고, 자연과 사람이 연결되며, 과거와 현 재가 연결된다. 현재는 미래와 연결될 텐데, 결국 미래의 시점에서 보면

현재와 과거의 연결이 되는 것이다.

연결이 아름다운 이유

영어 문장을 처리할 때 소리의 에너지가 끊기면 부자연스럽게 들린다. 끊어지지 않도록 매끄럽게 연결하기 위해서는 호흡을 잘해야 한다. 인생은 날숨이 아니라 들숨을 잘해야 한다는 말이 있다. 날숨은 한숨이요. 들숨은 깨달음이다. 들숨을 잘해야 날숨을 잘 뱉을 수 있다. 마신 숨이 없이 뱉으려면 힘들기 때문이다. 충분히 들이마시고 뱉어야 원하는 길이만큼의 문장을 한 호흡에 뱉을 수 있다.

삶은 먹은 만큼 뱉어내는 것의 반복이다. 음식 먹고 배설하듯, 지식과 경험도 가진 만큼 꺼낼 수 있게 되는 것이다. 과거 실패의 경험도 성공으로 연결되는 통로라는 걸 알면, 그 실패의 과정이 아프기만 하거나 두렵기만 하지 않다는 걸 깨닫는다. 흔히들 인생은 퍼즐 조각과 같다고 말한다. 나 역시 인생의 퍼즐은 세월이 필요하다고 생각한다. 예전에는 맞춰지지 않았던 퍼즐이 때가 되면 알아서 맞추어지는 경험을 한다. 그때는 몰랐지만, 시간이 지나서 보면 의미 없는 경험도, 의미 없는 만남도 아니었다는 걸 고백하게 된다. 아직도 맞추어지지 않은 퍼즐 조각이 여기저기 난무해 있다. 내가 놓고 싶은 자리에 맞지 않아 잠시 보류해 둔 조각도 있다. 때가 되면, 제자리에 들어가 하나의 그림을 만들 날이 올 거라고 믿는다. 어쩌면 삶은 퍼즐보다 더 잘게 쪼개진 모자이크가 모여 이루는 하나의 작품일지도 모른다는 생각이 든다.

열매를 맺을 때 서로 붙어 있어야 하는 나무가 몇 가지 있다. 가장 대표적으로는 사과나무가 그렇다. 사과나무는 주변에 다른 사과나무가 없으면 수분이 되지 않아 결실을 얻지 못한다. 배나무의 경우 서로 붙어 있어야 제대로 성장하며 익는 특성이 있다. 그 외에도 참외, 수박, 멜론 등 일부 열매도 서로 영양분을 공유하고 지탱하여 건강하게 자랄 수 있게 된다.

사람도 마찬가지라는 생각이 들었다. 타인이 존재하는 이유가 그 이유가 아닐까 싶다. 혼자서는 할 수 없는 일도 같이하면 할 수 있게 된다. 혹여 혼자 할 수 있는 일이라도 함께하면 성취 효과가 커진다. 개인의 삶은 다른 사람과 연결되어 있다. 혼자 살 수 없는 세상, 힘들고 지칠 때 서로 연결되어 있다는 것을 알기만 해도 삶은 견딜 만해진다. 우리는 혼자 행복하고, 혼자 불행할 수 없다. 누군가의 노력과 헌신, 수고가 있었기에 서로 얽히고설켜 살아가게 되는 것이다. 내가 열망하는 것과 연결되어 있으면 나는 그 열망 사이의 어디도 비집고 다닐 요량이다.

맨땅의 헤딩도
일단 발 굴리기부터

> 모험은 안정보다 더 위대하며,
> 삶에는 아직도 개척해야 할 영토가 무궁무진하다.
> - 알렌 코헨

시작을 위한 모색

남아프리카 프리토리아 지역에는 어린이집, 유치원이 많다. 내가 가 본 제일 꽉 차게 만든 유치원은 몬테소리 유치원이었다. 막내 요엘을 세 살 때 어린이집에 보내려고 여기저기 둘러봤었다. 대부분 어린이집의 수준은 내가 지금까지 한국에서 보고 교육했던 환경과는 꽤 달랐다. 기본적으로 시스템도 다르고 교육관점도 다르겠지만, 내 기대에는 못 미쳤다. 어린이집 교사로 10년간 일하면서 교육과 보육의 질적인 면을 나름대로 많이 고민했다. 민간, 가정 어린이집에 둘 다 있어 보고, 공립 어린이집에서도 실습해 본 경험을 다 조합한 기준으로 따져보았다. 그 결과 한국 어린이집의 표준 기준 3분의 1밖에 안 된다는 결론에 도달했다. 시설뿐 아니라, 교육의 다양성에서도 차이가 있었다. 한 달에 20~30만 원을 내는 어린이집이 일반적이라면, 몬테소리 어린이집은 한 달에 50만 원까지 내야 한단다. 얼마나 비싼 교육을 하는지는 모르겠지만, 외관적으로는 평범한 어린이집과는 차별되어 보였다.

빈부격차가 심한 이곳에도 평균 이상의 소득수준을 유지하며 아이들 교육에 돈을 아낌없이 쓰는 부모가 있다. 반면, 아이들 공교육에만 겨우 돈을 쓰는 소득 중층이 있다. 현지에는 흑인만 모여 사는 마을이 있는데, 소득 하층이라고 말하기도 어려운 사람들이 거주하는 곳이 흑인 빈민촌이다. 이들은 불법 지역 양철 지붕 아래 살고 있다.

남아공에 올 때 부푼 꿈을 가지고 왔다. 남아공 빈민 지역에 어린이집을 짓겠다는 꿈이었다. 내가 할 줄 아는 것이 이 일뿐이었으니, 당연히 내가 할 줄 아는 것으로 돕고 싶었다. 남아공에 오기 전 어린이집을 지을 수 있는 부지가 있다고 들었다. 와서 일만 하면 된다는 말이었다. 아이들의 낮은 교육 수준을 일정 수준으로 올려주겠다는 당찬 꿈이었다. 일반 지역이 아니라, 빈민 지역의 돈 없고 어려운 환경에 있는 아이들 대상이었다. 유아 시기의 교육을 받지 못하는 아이들을 위해서 교육하겠다는 꿈이었다.

사실, 그 꿈은 애당초 허황된 꿈이었다. 온 지 1년 안에 당장 지을 수 있을 줄 알았던 어린이집 대지는 1년 만에 사라졌다. 건물을 지을 수 없는 상황이 되었다. 그리고 1년 후 코로나가 시작됐다. 이미 어린이집을 세우기 시작했었더라도 멈출 수밖에 없었던 시기였다. 당시에는 투덜거렸고 속상하고 힘들었는데, 지나고 보니 다 이유가 있는 인도하심이었다는 생각이 든다. 당시 영어로 의사소통도 원활하지 못했을 뿐 아니라, 남아공에 적응만 해도 힘든 시기였다. 오자마자 뛰어들었다면 삼 남매를 위해서나 남편과 나를 위해서도 좋지 않았을 거다. 모든 일에는 다 길이 있고, 뜻이 있다고 믿고 산다. 때가 되어야 할 수 있는 일 말이다. 당시에는 몰랐지만, 시간이 지나 돌아보니 정말 그랬다.

함께 하는 맨땅 일구기

2023년 중반기부터 어린이집을 세울 계획을 구체적으로 정했다. 그리고 시작했다. 이것도 나 혼자만의 의지나 계획은 아니었다. 돈 없고, 땅도 없고, 영주권도 없는 나는 해 볼 엄두를 못 내고 있었다.

어느 날, 같이 협력하는 오 선교사님과 조 사모님 내외 분과 이야기를 나눴다.

"아이들 미래는 교육에 있는 것 같아요. 우리는 그런 재주가 없으니까 해 볼 생각도 안 했는데, 이제 이 아이들이 자라면 이 교회를 이끌어 가야 할 텐데 말이에요. 교육해야 하지 않을까요? 불현듯 그런 마음을 주시네요. 한 번도 어린이집 사역은 생각해 보지 않았거든요. 재주가 없어서…. 최 사모님 계시니까, 해볼 마음도 드네요! 어린이집 교사 경험도 있고, 잘 아시니까, 한 번 해보시겠어요? 책임자로서요. 저희는 장소를 제공하고 도와드릴 수 있는 부분을 협력할게요."

그 말을 듣는 데 마음에서 두 가지 갈래로 나뉘었다.
'아, 내가? 책임자로? 아, 내가 어떻게 해. 이건 뭐 맨땅에 헤딩일 텐데, 교사 교육을 하려면 교재부터 프로그램까지 다 알려줘야 하는데, 고등학교도 겨우 졸업한 흑인 교사들 데리고 어떻게 하지?'
'아, 기회야! 그래. 한 번 해보지 뭐. 원래 처음에도 이거 하겠다고 남아공 왔으니까 도전해 보는 거야. 뭐라도 되지 않을까?'

기회를 잡는 지혜

보육교사 경력 10년. 주임 교사도 해봤고, 원장 자격증도 있다. 어린이집 평가인증제를 겪으면서 서류에 이골이 나도록 시스템을 들여다봐 왔다. 그러나 내가 원장으로서의 실무 경험이 없으니 온갖 문제에 부딪힐게 눈에 훤히 보였다. 기존 교회 건물을 이용하든 새로 짓든 일단은 교사 교육이 급선무라고 생각했다. 체계를 A부터 Z까지 잡아가야 하는 건 보통 일이 아니다. 대학에 다니고, 현장에서 경험하고 교사 직무연수를 매년 다니면서 배우고 써먹었던 것을 어떻게 가르쳐야 할까 막막했다. 그런 마음에 걱정이 좀 되기도 했지만 일단 못 먹어도 GO! 라고 외쳤다.

"해보죠. 일단 죽이 되든 밥이 되든 시작해 봐야겠어요. 교사 교육을 위한 교재부터 만들어야겠습니다."

기본적으로 교사가 갖추어야 할 교양과 지식을 기반으로 교재를 만들었다. 약 3개월가량의 코스로 교재를 만들었고, 후에 교재를 더 늘렸다. 매주 화요일마다 1시간씩 만나서 가르쳤다. 교사로서 알아야 할 기본 사항, 의무, 놀이 종류, 유아 발달 사항, 안전 및 건강, 위생, 윤리, 창의적인 놀이와 교육 방법의 예시, 교사로서의 능률과 마음가짐까지 정리했다. 다행히도 때마침 CHAT GPT가 출시된 터라 적극적으로 활용할 수 있었다.

한국어로 정리하고 찾은 자료를 영어로 번역해서 책으로 엮었다. 소책자로 엮어 파일에 끼웠다. 매주 교사들과 만나 하루에 한두 장씩 보면서 공부하다 보니 어느새 6개월이 지났다. 교사 교육 후 바로 이어서 실습 개념으로 화요일마다 어린이 프로그램을 열었다. 교회 건물을 이용해서 1시간 프로그램으로 돌렸다. 아이들은 매주 열 명 남짓 모였다. 노래하고 동화 듣고 만들기도 했다. 게임을 하고, 창의 활동들 위주로 진행했다. 아이들을 위한 교육이지만, 교사들도 덩달아 재미와 경험을 얻어갔다. 교사들조차 지금까지 태어나서 단 한 번도 해보지 않은 활동들이 대부분이라고 했다. 물감 찍기, 재활용품 활용해서 만들기, 주제 활동하기와 같은 놀이는 우리 아이들뿐 아니라, 나도 어렸을 때 쉽게 경험했다. 한국 아이들은 보편적으로 하는 활동이라는 말이다. 문화가 다르고 환경이 다르지만, 기본적인 것조차도 생전 처음이라고 말하는 교사들을 보면서 앞으로 어디까지 알려주고 교육해야 할지가 막막한 것도 사실이었다. 브레인스토밍해 본 경험도 없어 하나하나 설명해 줬다. 무엇만 하면 그저 신기해하며 '오!' 만 외치는 그들의 반응을 볼 수 있었다.

시작했기 때문에 세워진 건물

그사이 교회 건물 옆 마당에 새로 건물을 올렸다. 나무로 기둥을 세우고, 나무끼리 엮어 지붕을 올렸다. 바닥에 콘크리트를 붓고, 양철을 지붕에 얹었다. 사방 건물에 양철을 입혀 건물 하나가 완성되기까지 석 달 남짓 걸렸다. 깡통 벽을 뚫어 문을 만들고, 창문을 여러 개 만들었다. 여름에는 실내 온도 40도가 넘고, 겨울에는 체감 온도가 영하까지 내려가는 뼛속까지 시린 양철 건물이다. 튼튼한 벽돌 건물은 아니지만, 건물 하나 완성하는 데 들어가는 정성은 다르지 않았다. 오 선교사님과 남편이 직접 몸으로 뛰면서 흑인 용역을 데리고 건물을 세웠다. 돈이 없어서 벽돌 집을 못 짓는 게 아니다. 물론, 재정도 부족한 게 사실이지만, 마을 수준과 지역주민이 느낄 이질감을 고려했다. 혹은 치안 문제로 표적이 되지 않기 위한 하나의 방편이기도 했다. 뭐 하나 하려면 앞만 보고 갈 수가 없는 현실이다. 앞뒤 옆, 주변도 잘 두루 살피며 가야 한다.

꿈꿨고, 포기했다. 다시 기회가 왔고, 기회를 잡았다. 생각했고 실행했다. 건물이 세워졌다. 적은 돈이라도 이제 교사들은 수입을 얻는 직업을 갖게 되었다. 늘 직업을 갖고 싶지만, 여건과 자격이 안 돼 낙심하던 사람들이었다. 열정과 즐거움으로 적극적으로 참여하고 있다. 언제까지 지속할지는 모르겠지만, 끝까지 잘 이어지면 좋겠다. 사명을 가지고 하는 이 일이 이들에게 희망이 되었으면 좋겠다. 원아 모집이 차고 넘쳤다. 교사를 시켜달라고 온 사람도 꽤 있었다. 이 지점을 시작으로 우리 어린이 집 프로그램 한 번 교육 받겠다고 줄 서는 일이 생기면 좋겠다는 꿈도 꿔 본다. 이래 봬도 한국에서 온 교육이라고! 내 안에 자부심이 가득하다.

아이들은 이 건물에서 소정의 교육을 받게 되었다. 현재는 정원 30명이 되었다. 교사들은 나를 'Principal(원장 선생님)'이라고 부른다. 원장이 되고 싶었던 건 아니다. 어떤 내 성과를 내기 위해서 건물을 짓고 싶었던 것도 아니다. 순수하게 기대했다. 스스로 수레를 돌리려고 할 때는 되지 않았다. 좌절했다. 그러나 때가 되어 어떤 모양으로든 다시 기회가 왔을 때, 그 기회를 잡았다. 그리고 수레를 돌렸다. 시간이 필요했다.

나는 그 시간을 무시하려고 했다. 어쩌면 지금이 오기까지 지난 6년의 세월은 내게 마음도 몸도 환경도 준비해야만 하는 시간이 아니었나 싶다. 불법 지역이라 인가나 허가를 받을 수도 없다. 막상 개원하고 나니 현실적인 문제들에 봉착했다. 지금도 매주 머리가 복잡한 일이 생겨난다. 마음대로 안 되는 일이 수두룩하다. 내 노력이 들어갔지만, 어느 한 부분도 내 소유가 아니다. 이들이 잘 이끌어 갈 수 있게 해 주고 싶다. 부원장을 세우고, 교사들에게 다 맡겼다. 이제 그들을 믿고, 지원해 주는 일만 남았다. 그저 작은 꿈과 계획으로 시작해 어떻게든 굴러가고 있다. 지역사회에 도움이 되는 일을 하고 있다는 자체만으로도 놀랍다. 혼자 발을 굴린 게 아니라 함께 굴리는 중이다.

⑨
인생의 수레바퀴는
박자를 맞추어야 한다

인생은 자전거를 타는 것과 같다.
균형을 잡으려면 움직여야 한다.
– 알버트 아인슈타인

삶의 균형을 언급할 때, 많은 사람이 워라밸의 균형에 관해 말한다. 워라밸의 뜻은 일(work)과 삶(Life)의 균형(Balance)이라는 뜻으로 영어의 첫 알파벳을 줄여서 쓰는 단어이다. 나는 워라밸에 대해서 깊이 생각해보지 않았다.

보육교사로 일하던 시절에는 '일–교회–집'의 반복 패턴의 일상이었다. 물론 중간에 휴가도 있었고 여행도 하고 친구도 만났지만, 깨어 있을 때 일하고 잠자는 시간에 쉬는 그런 삶을 살았다. 그렇게 10년을 살고 나니 오히려 여가가 생겼을 때 무엇을 해야 할지 모른 채 하루를 홀딱 넘겨버린 날도 있었다. 대부분 날을 그래프로 그리면 하루의 4분의 3은 '일'이었

악착같이 그리고 꾸준하게

다. 프리랜서로 사는 현재도 크게 다르지 않다. 오히려 정해진 시간에 출근하고, 조금 늦더라도 퇴근 시간이 있었을 때는 퇴근 후 좀 쉬는 시간도 가졌다. 대부분의 보육교사는 공감할 거다. 원에서는 아이들 보육과 교육에 집중해야 했다. 그 탓에 서류를 다 작성하지 못하면 집으로 가지고 오는 날도 있었다. 당시 평가인증제도가 막 도입되던 시기라 서류가 어마무시하게 많았다. 그러다 보니 일의 경계가 무너졌다.

균형을 맞추지 못하는 삶

생활이 반복될수록 피로가 누적되어 간에 이상이 왔다. 얼굴이 노랗게 떴고, 퇴근 후 친구라도 만나 저녁을 먹을 때면 눈그늘이 눈에 띄게 어두워졌다. 피곤함에 절어 있는 내 모습을 보다 못한 부모님의 성화에 병원에 갔다. 피검사 결과 간 수치가 평균 이상으로 높게 나왔다. 병원에서는 휴식을 권했고, 당분간 약물치료를 하자고 했다. 그 당시 나는 스물다섯이었다. 일 잘한다는 칭찬받았지만, 삶은 늘 피곤했다.

학창 시절부터 청년 때까지 늘 주변에 친구가 많았다. 학교 친구들과 교회 친구들의 색깔은 달랐다. 주일에는 교회에 가야 했다. 학교 친구들과 약속이 일요일에 생기면 당연히 나만 빠졌다. 교회 친구들과 교회 일정에 맞추어 사느라 학교 친구들은 평일에 학교에서 만나거나, 평일에 가끔 노는 거로 만족했다. 주말에는 일절 만나지 않았다. 더 많이 교제할 시간은 주말이었는데, 나만 모임에서 점점 멀어졌다. 친구와 공유할 거리가 줄어들었다. 당시에는 잘 몰랐다. 관계에도 균형이 필요하다는 걸 나이 들면서 알았다. 살면서 인연은 계속 바뀌어왔지만, 오래된 인연에 대한 나의 균형 없는 태도가 관계의 한계를 만들었다. 나이 들어 아직도 연락은 하고 있지만, 그 무리에서 나는 거의 없는 사람이나 마찬가지다.

신기하게도 친한 친구는 나 포함해서 꼭 세 명이었다. 셋이 친구가 되면 늘 중립의 자리에 있었다. 그 중립의 자리에 있다고 해도 나는 때로는 미숙한 태도로 중립을 지키지 못할 때가 있었다. 셋 사이에 더 친한 쪽으로 때에 따라 마음이나 태도가 기울었다. 그 탓에 괜한 오해도 받았다. 착한 아이 콤플렉스라고 해도 할 말이 없을 정도로 말이다. 내 과제가 있는데도 친구가 과제를 부탁하면 내 과제는 뒤로 미뤘다. 고맙다는 인사도 듣고 남을 도왔다는 뿌듯함도 있었지만, 관계가 편치 않았다. 기브 앤 테이크의 밸런스도 맞출 줄 알아야 했는데, 주는 게 아무리 좋은 거라도 해도 나를 뒷전에 놓기 시작했다. 주변 사람들은 내 스케줄은 개의치 않았고, 자신들의 필요를 요구했다. 어렵사리 거절하면 싫은 기색이 역력했다. 내게 실망하는 태도를 보였다.

5분 대기조의 나의 반응에 그들은 만족했지만, 내 삶의 균형, 나와 타인의 균형에는 금이 가기 시작했다. 사람에 질렸다. 거절 못 하는 나도 바보 같았다. 이 모든 게 내가 초래한 거였다. 사람 중심에서 일 중심으로 갔다가 다시 사람 중심, 일 중심의 삶을 반복했다. 프리랜서로 살면서 시간 관리를 철저히 하지 않으면 균형이 무너지는 걸 경험했다.

서로 간에도 맞추어야 하는 균형

밖에서 볼일을 보는 동안은 시간에 쫓기지만 마음은 편했다. 집에 와서 책상을 바라볼 때면, 숨이 턱 막히는 때가 더러 있다. 내 방, 내 자리. 여기에 앉으면 일이든 자기 계발이든 계속해서 시간과 에너지를 쏟는다. 이 시간이 나만의 시간이라 소중하고 좋기는 하지만 때론 아이들과 남편을 뒷전에 놓고 미친 듯이 집중할 때도 있다. 문제는 정해진 루틴이 없이 엉덩이만 대면 언제 일어날지 모르는 쳇바퀴의 연속이었다. 식사를 대충 차려 주는 날이 생겼고, 뒷정리 안 해 놓은 아이들과 남편에게 잔소리가 점점 늘어났다. 냄비를 태워 먹은 적도 한두 번이 아니다.

아이들의 입에서는 '엄마는 원래 바쁜 사람'이라는 말이 나오기 시작했고, 남편에게 일을 떠넘기기 시작했다. 아이들은 무언가 하고 싶은 말을 꺼냈다가도 "아니에요."라고 하고 돌아가는 횟수가 늘어났다. 그때마다 나는 지금 누굴 위해 일하고 있는가를 반문해야 했다. 중간중간 함께하는 시간 외에 짧더라도 주 1회 함께 하는 시간을 정했다. 영화든 게임이든 같이 할 수 있는 시간이다. 아이들을 볼 때마다 미안했던 마음이 조금 누그러들었다. 각자의 역할에 맞는 집안일을 분담했다. 도움을 요청할 일이 있을 때는 요청하되 떠넘기지는 않는다.

다이어트도 바짝 집중해야 할 시기가 있다. 그렇지만 긴 기간 한 가지 음식만 먹는 건 오래 하지 못한다. 전문 트레이너나 운동선수가 아닌 이상, 운동도 하루 2~3시간씩 꼬박하는 것도 쉬운 일은 아니다. 불규칙하게 식사하고 균형 없이 운동하면, 오히려 몸이 상하기 마련이다.

영어 공부한다고 미친 듯이 공부했던 때가 있었다. 거의 6개월 가까이 강의만 찾아서 들었다. 공부했지만 원어민과 마주치면 부끄럽고 말이 나오지도 않았다. 배웠으면 써먹어야지만 내 것이 됐다. 인풋을 하기는 하지만 제대로 하고 있는지 확인할 길이 없었다. 짧게 공부한 내용은 밖으로 꺼내지 않으니 진짜 내 것이 되지 못했다. 그리고 서서히 사그라져갔다.

한 곳으로 치우친 삶은 완전하지 못하다. 성장하기 위해서 미친 듯이 달리기만 하면 금세 제풀에 꺾여 포기하는 일이 생기고 말 거다. 일에 매진할수록 운동 시간이 줄어든 요즘이다. 건강에 이상 신호가 주기적으로 찾아온다. 컨디션이 바닥을 치는 날이 많아졌다. 하루 딱 30분 만이라도 운동을 하기로 다시 목표를 세웠다. 아침에 일어나서 적어도 30분은 무조건 운동하려고 한다. 몸의 균형보다 마음의 안정이 생겼다.

삶의 균형을 맞추기 위한 축적의 시간

작가로 글 쓰고, 코치로 강의하며 회원을 만난다. 처음 글을 쓰기 시작했을 때 "책을 많이 읽는다고 꼭 글을 잘 쓰는 건 아니다."라는 말을 곧이 곧대로 믿었다. 워낙 책을 잘 안 읽었던 터라 글만 쓰면 되겠다고 생각했다. 그러나 그 말은 책'만' 읽고 글을 쓰지 않는 사람에게 하는 말이었다. 글을 잘 쓰려면 반드시 책을 읽어야 한다. 양이 아니라 밀도 있게 집중하며 문장 독서를 해야 한다. 정신 차리고 책을 가까이하려며 읽고 쓰기를 반복하니 성장을 느낀다. 책 쓰기 강의할 때, 공부한 내용을 풀어낸다. 실력이 단번에 급성장하는 건 아니지만, 인풋과 아웃풋의 균형이 조금씩 맞추어지니 박자를 맞추는 기분이다. 일상을 살면서 균형이 얼마나 중요한지 알게 되었다. 관계, 일, 자기 계발, 휴식 모두 다 네 박자가 맞아 돌아가야 한다.

『반드시 해낼 거라는 믿음』 전대진 작가의 책을 보면 작가의 지인이 작가의 삶에 대해서 칭찬하는 대목이 나온다.

> "좋아하는 일, 잘하는 일, 남을 돕는 일, 돈 버는 일 4박자가 다 맞
> 아떨어지는 너는 세상에서 가장 행복한 일을 하는 사람이야."

작가의 지인은 그의 삶을 칭찬하며 바쁘지만 일부러 갖는 여유, 생각, 사색이 삶을 더 창의적으로 만든다고 말하고, 이것이 '인생의 선순환'이라 했다. 쉼 자체도 생산적인 시간이 되는 것, 내가 잘하고 좋아하는 일로 타인을 성장하도록 만드는 삶. 이게 바로 내가 바라던 균형이란 생각이 들었다. 누구나 이런 이상을 바라지 않을까 생각해 본다. 다 만족하지 못할 수도 있지만, 가까이 가도록 노력해 보는 거다.

다른 사람의 이야기를 듣고 감탄하고 동경해봤자, 결국 내 것이 되지 못한다. 그와 똑같은 삶을 사는 것이 아닌, 나만의 색깔을 살려 내 인생을 살아야 한다. 그저 동경하는 것에서 끝이 아닌, 나도 누군가에게 내가

경험한 "균형"에 대해 자신 있게 증명하려면 자신 있게 말할 수 있는 삶의 자료를 축적해야 한다.

⑩

상황과 환경은
방해물이 되지 않는다

> 상황과 환경은 당신을 방해하지 않습니다.
> 오히려 당신의 반응이 당신을 방해하는 것입니다.
>
> – 빅터 프랭클

안 된다고 포기하면 가질 수 없다

어렸을 때부터 엄마 아빠가 "안 돼!"라고 하는 말에 두세 번 토를 달아보질 않았다. 그냥 안 되는 건 안 된다고 생각했다. 아빠가 무섭기도 했지만, 나는 체념이 빠른 편이었다. 혹시 여지가 있는지 물어보면 "안 된다면 안 되는 줄 알지 뭔 말이 많아."라는 말을 들었던 경험이 마음을 닫게 했다. 나는 순종적인 아이니까 그래야 한다고 생각했다. 지극히 현실주의적인 성향이라 친구들이 연예인을 좋아할 때도 '비현실적인 사랑'을 들먹거리며 고개를 저었던 게 나다. 뭐든 "안 될 거 같은데?" 그럼, 바로 접었다. 관계도 일도 어떤 상황에서도 비슷했다. 무엇을 하든 '불가능'할 것 같은 건 애당초 일찍 접었다. 그 덕에 나 스스로 지레짐작조차 안 될 것 같은 건 물어보지도 않게 되었다. 식당, 유원지, 호텔, 매장 어디를 가서도 안 된다고 적혀 있는 것에 대해서는 두 번 묻지 않았다.

종종 한국에서 해결해야 할 문제가 생긴다. 그럴 때면 방법을 찾아 몇 번 시도해 보다가도 이내 포기하게 된다. 남아공에서도 말이 안 통할 때는 아무리 내 상황을 어필해 봐도 여러 차례 무시당했다. 반복되는 번거로운 발걸음과 실랑이 끝에 결국은 안 된다는 대답을 듣고 포기해야 하는 황당한 상황도 꽤 있다. 은행, 관공서 등 여기서 할 수 없는 공적인 일들에 시간 낭비, 돈 낭비해 가면서 손해도 봤다. 결국, 해결되지 않는 일은 포기하고, 다른 방법을 찾아야 했다. 4년 만에 잠시 귀국해서 밀렸던 일을 폭풍 처리하기도 했다.

올 초 밀리의 서재 구독이 만기가 되어 새로 신청해야 했다. 제값을 다 주고 결재한 지 30분도 채 지나지 않아 밀리의 서재 1년 구독 20% 할인권을 티몬에서 보게 되었다. 순간 귀가 머쓱해지며 눈이 동그래졌다. 날짜도 재차 확인했다. 혹여나 취소할 방법이 있나 밀리의 서재 앱 설정에 들어가서 한참을 뒤졌다. 환불 기능이 보이질 않았다. 마지막으로 읽었던 부분까지 잘 저장이 되었는지 확인하려고 이미 열어봤던 상태였다. 쓰라린 마음을 안고 빠르게 체념한 후, 안타까운 심정을 SNS에 글로 남겼다. 사람들의 공감과 위로가 이어졌고, 다음 날 아침, 내 글을 본 친구에게 연락이 왔다.

"어차피 다 사람이 하는 일인데, 연락이라도 한번 해보지 그래?"

나는 아깝지만, 국제 전화하기도 어렵고 원래 할인하는 거 몰랐으면 그냥 이용했을 테니 그냥 두겠다고 했다. 친구는 그럼 자기가 전화라도 해서 환급 처리가 되는지 물어봐 주겠다고 했다. 30분 후, 환불 처리해 줄 테니 연락처와 정보를 달라는 연락을 받았다. 소식도 반갑고, 제안해 준 친구에게도 고마웠다. 반면 너무 쉽게 포기한 나에게 부끄러웠다. 본사 측에서 이미 결제되었고 연장 후 책도 열어봤으니 당연히 안 될 거로 생각했다. 그저 적당히 그러려니 하고 받아들였다. 아예 방도를 찾을 생각이 없었던 거다.

보통 안 되는 일을 가능하게 만들려면 백방으로 방도를 찾아 애쓴다. 법을 어기지 않는 이상, 사람이 하는 일이기 때문에 서로의 합의로 양해가 되는 일도 있기 마련이다. 간절할수록 가능하게 만들기 위해서 마음을 쏟고 에너지를 쏟기 마련이다. 때로는 돈이 많이 들어가더라도 가능한 상황을 만들고자 애를 쓴다.

환경이 문제인가 마음이 문제인가?

얼마 전, 지인 부부와 만나서 저녁 식사를 했다. 사석에서 만나는 첫 만남이었다. 매주 토요일 한글 학교에서 교사로 만나지만 개인적 교류는 없는 관계였다. 서로에 대해 전혀 정보가 없는 상태가 오히려 좋았다. 하나씩 비슷한 점 혹은 다른 점을 나누며 흥미롭게 대화했다. 아이들 이야기를 하다가 지인의 첫째 아들과 우리 첫째 은별 이야기가 나왔다. 지인의 첫째 아들의 꿈이 '배우'라고 했다. 한창 사춘기를 지나고 있는 은별의 꿈은 '아이돌'이다. 두 부분에서 공통점을 찾아 이야기를 나눴다. 나는 간절함의 극치를 달리는 은별의 이야기를 하며 부모로서 자녀를 어떻게 다독이고 지지해 줄 것에 관해 이야기하던 중이었다.

내 이야기를 듣던 지인 남편은 평생 살면서 '간절함'이라는 걸 가져본 경험이 없다고 했다. 그저 순탄하게 자라서 대학 입학 무렵, 부모님의 가업을 이어받게 되었고, 그다지 뭐가 잘되지 않아서 좌절해 본 경험이 없다고 했다. 간절히 얻고 싶어 몸부림쳤던 경험도 없이 말이다. 그 말을 하면서 자신이 한 번도 간절함을 가져보질 않아서 아이의 꿈에 대해서도 어떻게 반응을 해줘야 할지 모르겠다고 말했다. 더불어 은별의 간절한 마음이 어떨지 감히 짐작이 안 된다며 말이다. 나로서는 간절함이 있던 적이 없었다는 말이 적잖게 충격적이었지만, 사람에 따라 환경에 따라 그럴 수도 있겠구나 싶었다. 되고 싶은 것도 없었고, 하고 싶은 것도 딱히 없었다고 했다. 인생, 물 흐르듯 살아왔다고 했다. 안 되는 게 있으면 어쩔 수 없다고 생각했고, 되면 되니까 다행이다 싶은 마음이었단다.

문제를 대하는 자세

남아공에는 순환 정전시스템이 있다. 하루에 2시간씩 전기가 끊기기도 하고, 4시간 혹은 6시간도 연속해서 끊기는 날도 있다. 냉장고에서는 얼음이 녹아 물이 흘러나오고, 인터넷은 쓸 수 없는 상황이 된다. 그간 심해지면 심해졌지, 상황은 나아지지 않았다. 데이터를 사서 필요한 용량만큼 아끼고 아껴서 사용했다. 상황이 되면 되는대로 안 되면 안 되는 대로 지냈다. 불편했지만 상황에 적응해야 했다.

올 초부터는 온라인 강의만 듣는 게 아니라 코칭을 해야 하는 시간도 늘어났다. 라이팅 코치 수업도 받게 되면서 상황이 난감해졌다. 수강료도 걱정이었지만 전기가 더 걱정스러웠다. 차후 수업하다가 정전이 된다든지, 대중없이 나가는 전기로 수업 시간을 수강생에게 양해를 구해가며 옮기는 건 말도 안 된다고 생각했다. 지금까지 살아온 환경으로 말하면 나에게는 불가능한 일이었다. 이전에는 그냥 없으면 없는 대로 살았고, 이 없으면 잇몸이라도 만들어 사용하며 살았다. 다른 집에서는 발전기라도 돌리고, 냉장고 인터넷 사용할 수 있게 장비를 갖추어 살고 있어도 나는 못한다고 생각했다. 나는 형편이 안 되니까, 그렇게까지 할 필요 있나 생각한 거다.

마음에 간절함이 생기자 어떻게든 방도를 찾아야만 했다. 그러던 중 베터리를 구매해서 사용하면 2~4시간까지 정전 시 노트북과 모니터 정도는 같이 사용해도 무난하다는 정보를 들었다. 현지인들도 그렇게 쓴다고 했다. 이제는 방법을 찾았으니, 설치해서 내 환경을 바꿔야겠다는 쪽으로 마음이 기울었다. 이게 해결되지 않았다면 아마 라이팅 코치 수업은 받지도 못하고, 정규 수업을 열지도 못했을 거다. 거기다 영어 코칭에도 난항으로 스트레스를 무척 받았을 게 분명하다. 이렇게까지 조처를 해도 여전히 전기, 와이파이 문제가 생기기도 한다. 그렇지만, 기본적으로 상황에 대한 스트레스가 줄었다. 스스로 할 수 있는 상황을 만들기 위해 과감한 결정을 했다는 생각에 뿌듯함마저 들었다.

단 1%의 마음이 있다면 도전하라

열 손가락을 잃고도 장애인 세계 최초 8,000m 히말라야 14좌 완등한 산악인 (故)김홍빈이 말했다. 그는 멈추지 않는다면 원하는 것은 무엇이든 이룰 수 있다고 말했다. 두려움을 피하지 않고 부딪혀 정복해냈다. 단 1%의 가능성으로 꿈을 이루어내는 모습은 많은 이들에게 본보기가 된다.

"불가능이란 단어 자체를 나는 가능하다는 단어로 이해한다. 역경은 헤쳐나가면 된다. 단, 1%의 가능성만 있어도 나는 도전한다. 포기하지 않으면 된다."

산을 사랑했기에 자신의 신체적 장애와 한계를 뛰어넘으면서 산에서 생을 마감했던 이야기를 유튜브를 통해 듣고 보면서 몇 번이고 돌려봤다.

인생은 마음이 8할이다. 어떤 일이든 내가 하고자 하는 일에 장애물이 생기고 불가능하다고 느낄 때 마음이 중요하다. 안 되는 걸 가능하게 만들 의지가 분명한지부터 점검해야 한다. 진짜 원한다면 상황을 역전 시켜서라도 할 수 있도록 만들 수 있다고 생각이 바뀌었다.

"안 하는 것은 능력의 한계가 아니라 선택의 문제다. 우리는 안 하는 것을 선택할 수 있지만, 못 하는 것은 없다."

상황이든 능력이든 목표가 있다면 포기만 안 하면 된다. 반드시 해낼 거라는 믿음 가지고 있다면, 상황은 충분히 역전시킬 수 있다고 믿는다.

4장

인생의 궤도를 바꾸는 법

나의 꿈을 위해 투자하는 것이 용기다

> 자신의 꿈을 향한 첫걸음은 용기를 내리는 것이다.
> 그 첫걸음이 여정의 시작이며, 꿈을 향한 모든 투자는
> 자신에 대한 신뢰를 키우는 과정이다.
> - 로버트 T. 기요사키

남아공에 온 이후, 내 인생을 통틀어 온전히 나를 위한 투자가 시작되었다. 공부하기 위해 강의를 결제하기 시작했다. 영어 공부한다고 10~20만 원을 내고 수업을 들었다. 글쓰기 수업, 디지털 튜터, 생각 정리법, 기후변화, 인스타그램과 브랜딩 설계 수업 등 각각 돈을 내고 온라인 강의를 들었다. 신기하게 뭔가 배워야겠다고 생각하니까 배짱이 생겼다. 스스로 결정하고 나의 성장에 돈을 썼다. 배우지 않고, 공부하지 않으면 안 될 것 같은 불안감에서의 시작이었다. 비상금으로 뒀던 퇴직금을 야금야금 사용했다. 남편도 모르는 돈이었다. 정말 급할 때 쓰려고 모아뒀던 돈이었다. 강의를 들으며 내가 나를 위해 그 누구와의 상의도 없이 투자할

수 있다는 자체에 한 번 놀랐다. 나는 그렇게 배포가 크지 않았다. 그게 물꼬가 될 줄 생각도 못 했다. 이후로 점점 나를 위한 투자가 늘어갔다. 얼마가 되었든 배우고 싶은 것이 있으면 과감하게 쓰기로 했다.

용기의 첫걸음

디지털 드로잉이 배우고 싶어서 강의를 들었다. 이모티콘 수업을 듣고 이모티콘을 만들었다. 네이버 블로그와 카페에서 사용할 수 있는 열 개의 이모티콘을 승인받아 판매했다. 매월 치킨 한 마리 값밖에 안 되지만 수익을 냈다. 그림 챌린지에 참여하면서 실력이 늘었다. 이제 막 시작하는 왕초보를 초보인 내가 가르쳤다. 이모티콘 튜터로, 드로잉 튜터로 활동했다. 배운 것을 토대로 아웃풋 해서 돈을 벌었고, 재투자하기도 했다. 당시에는 다른 것보다도 자기 계발에 투자할 수 있는 순환을 만들기 위해서 돈을 벌어야겠다는 생각이었다.

처음으로 100만 원이라는 금액을 한 번에 냈다. 바로 책 쓰기 수업이었다. 100만 원이 평생 회원 가격으로 치면, 비싼 금액이 아님에도 통장에 여윳돈이 100만 원이 없는 상태였다. 그저 꿈에 불과하다고 생각했다. 대출이었지만, 온전히 나를 위한 투자였다. 이때 생각했다. 들인 만큼 반드시 내가 책을 내겠다고 말이다. 첫 책 인세는 얼마 안 되었다. 돈을 보고 책을 쓴 게 아니었기 때문에 인세 욕심도 없었다. 그냥 내 이야기를 책으로 만들고 싶다는 소원만 그득했다. 그렇게 시작한 책 쓰기 수업을 들은 지 올해 4년 차가 되었다.

이제는 큰돈이 들어갈 일이 없을 거로 생각했다. 가끔 이렇게 글 쓰고 책 쓰며 살면 되겠다 싶었다. 그러나 글을 쓰면 쓸수록, 영어 공부를 하면 할수록 시간이 지나면서 더 발전하고 성장하고 싶다는 욕구가 커졌다. 더 배울 건 없는지, 어떻게 하면 내가 더 성장할 수 있을지에 집중했다. 먹잇감을 찾는 하이에나처럼 뭔가 내게 걸려들기만을 바라는 마음으로 눈에 불을 켜고 기회를 엿봤다.

간절한 투자, 무거운 투자

소리튠 코치 공고를 보고 거금을 투자해야 할 때도 넉넉지 못한 형편은 내 발목을 잡았다. 그놈의 돈, 돈이 문제였다. 대학 편입학을 준비해서 붙었을 때도 엄마는 집안이 넉넉지 못해 나에게 미안하다는 말을 했었다. 방에 들어앉아 이불을 덮어쓰고, 눈물을 뚝뚝 흘리며 노트에 마음을 기록했던 20년 전의 기억이 엊그제 일처럼 떠올랐다. 또 돈이 내 발목을 잡는다고 생각했다. 돈 없는 사람은 자기 계발도 못 하겠다는 생각이 들었다. 나와 똑같이 가진 게 쥐뿔 없는 남편이지만, 역시 한결같은 태도로 나를 지지해주었다. 어떻게 보면 현실성 없는 지지라고 생각도 들었지만, 가능하다면 대출을 또 받아서라도 공부하고 싶었다. 돈을 들이면 본전을 뽑아낼 수 있겠냐는 남편의 물음에 무슨 믿음인지, 나는 당연히 뽑아낼 수 있다고 대답했다. 합격하지 못하면 할 수 없는 코치, 그리 만만해 보이지는 않았다. 응원해 주는 남편이 마련해 준 대출금과 그림 강의를 해서 번 돈을 합쳤다.

당시 무거운 마음으로 나에게 투자했다. 많은 돈을 들인 만큼 미친 듯이 열심히 하겠다고 다짐했다. 그 후 1년 동안 하루에 3시간씩 빠짐없이 훈련에 전념했다. 목이 쉴 정도로 훈련했다. 아픈 날도 했다. 코치로 합격한 후 6개월 만에 대출금을 모두 갚았다. 가만 생각해 보면, 남편도 나도 그런 생각을 가질 수 있는 처지가 전혀 아니었다. 그렇게 큰돈을 어떻게 나한테 투자할 수 있었을까 싶다. 만약 남편이 적극적으로 반응해 주지 않았다면 나는 절대 엄두도 못 냈을 거다.

이제 프리랜서로 일할 수 있게 되었으니, 인원을 조금씩 늘리되 적정 수준을 유지하며 살아야겠다고 생각했다. 큰 욕심이 없었다. 그 후, 생각지도 못한 어마어마한 금액을 투자해야 하는 기회가 또 찾아왔다. '라이팅 코치 양성 과정'이었다. 소리튠 코치 때보다도 더 비싼, 내 예상을 뛰어넘는 규모의 금액이었다. 마음이 끌리면 해야만 하고, 하고야 마는 내 성격은 점점 강성이 되어가나 보다. 이번에도 하고 싶다고 생각하니 안 하면 후회할 것 같았다. 나는 결정했고, 남편은 다시 금액의 절반을 대출했다.

투자는 나를 믿는 믿음이다

얼마 전, 친구와 카톡으로 대화를 나눴었다. 내가 책 쓰기 과정에 어떻게 입과 했는지, 영어 지도자 과정은 또 어떻게 했는지, 그리고 라이팅 코치가 되기까지의 여정은 어땠는지 이야기했다. 대화하다 보니 지금껏 한 번도 하지 않았던 이야기도 나왔다. 자주 연락하는 친구인데, 내가 얼마를 주고 글쓰기 코치 과정을 들었는지 한 번도 이야기하지 않았던 터였다. 내 이야기를 들은 친구의 반응이 궁금했다. 50% 가격이지만 대출받아서 모자란 금액을 채웠다는 말을 해 놓고 뭐라고 할지 조마조마했다. 친구의 첫 마디는 기함하는 말이었다.

"뭐라고? 허. 세상에." 나는 그 말을 듣고, 한 소리 듣겠다고 생각했는데 반응은 뜻밖이었다.
"와, 진짜 어디다 돈을 써야 하는지 아는구나. 되게 멋지다."

물론 대출이었기에 남의 돈을 빌려서 투자한 꼴이지만, 어쨌든 그 돈을 매월 갚고 있으니 나름 투자한 게 맞다.
나는 주식의 '주'자로 모른다. 어른이 된 지금도 돈 계산도 가끔 틀리고, 숫자가 복잡해지면 머리가 아프다. 주식 하면 자산을 불릴 수 있다는데 투자해 본 경험이 없다. 해보면 쉬울까? 어떻게 다들 그렇게 주식투자를 잘할까 궁금하다. 그러면서도 아직 경제 공부는 엄두도 안 난다. 부동산이든 주식이든 경제관념을 키우며 공부하고 하루빨리 시작해야 한다는 말은 들었지만, 급한 마음은 없다. 할 때가 되면 또 마음이 움직이지 않을까 생각해 본다. 주식은 공부하고 나서 마음을 내려놓아야 한다던데 그 과정이 어디 쉬울까 싶다.

나는 주식투자 대신 나에게 투자했다. 나에 대한 큰 기대치보다는 일단 뛰어들면 할 수 있다는 마음으로 투자했다. 결국, 주식투자도 나를 위한 투자도 '믿음'이 있어야 가능한 게 아닐까 생각해 본다.

"자신 있어?"

남편의 한마디와 대출이지만, 나에게 한 '투자'가 더없이 고마운 시간이다. 남편은 나를 믿어 줬다. 남편이 나를 믿고 지지한다고 한들 내가나를 믿지 못했다면, 나는 도전할 수 없었을 거다. 있는 돈도 아니고, 없는 돈으로 지랄한다고 말했을지도 모르겠다. 이루고 싶은 꿈을 향해 마음이 움직였고, 결단했다. 나를 믿었다. 그리고 투자했다.

꿈은 움직이는 자의 것이다. 결국, 꿈을 위해 대담하게 지불할 줄 아는것도 용기라고 생각한다. 나와 내 삶에 더 큰 가치를 두는 삶이 행복한삶이라고 외쳐본다.

구체적으로
꿈을 꾸고 적어라

꿈을 날짜와 함께 적어놓으면 그것은 목표가 되고,

목표를 잘게 나누면 그것은 계획이 되며,

그 계획을 실행에 옮기면 꿈을 실현되는 것이다.

- 그레그 S.레잇

남아공 오기로 결정 후, 남편은 혼자 정탐을 다녀왔다. 현지 물가, 집세, 사역지를 알아봐야 했다. 지인을 통해 전화로 얻을 수 있는 정보는 한계가 있었다. 현지 사정이나 정보를 알려줘도 나에게는 막연하게만 들렸다. 이미 20년 넘게 살아 본 K 씨는 본인의 초장기 이민 시절과 당시 사정을 비교하면서 알려줬다. 곧이곧대로 믿고 남아공에 왔을 땐, 들었던 이야기와 달라 적잖게 당황했다. 제대로 알아보지 않고 온 남편을 나무랐다. 학비, 집세, 물가 등 가장 큰 부분들에 큰 차질이 생겼다. 남아공으로 와서 정착하며 하나씩 알아갈수록 진짜 막무가내로 왔다는 생각이 들었다. 인생 자체가 막연하지만 나는 크리스천이니까 믿음으로 버텨보자는 마음이었다. 직접 와서 부딪히며 알아가고 배워가는 타향살이의 호기심 덕에 다양한 에피소드가 생겼지만 꼼꼼하지 못한 정탐에 당황스러웠던 순간은 잊히지 않는다.

꿈을 위한 기록

보통 나는 어떤 일을 시작할 때 A부터 Z까지 무척 꼼꼼하게 알아보는 타입은 아니다. 적당히 알아보고 가능할 것 같으면 움직인다. MBTI 유형 중 F에는 '철두철미, 꼼꼼, 섬세, 계획적'이라는 수식어가 붙는다. 어렸을 때부터 계획적, 꼼꼼, 섬세함의 대명사로 불렸다. 그 덕에 나도 내가 철두철미하고 계획도 잘 세운다고 생각했다. 게다가 주변에서 내게 "계획적이고 추진력 있게 밀고 나가는 사람"으로 보인다는 말을 종종 한다. 진짜 그런 줄 알았다. 그런데 나에게는 허술한 구멍도, 허당기도 있다는 걸 나이 먹으면서 서서히 인정하게 되었다. 작가이지만 평소에 카톡이며 글이며, 오타를 무척 많이 내서 놀림거리가 되곤 한다. 나의 최대 구멍이다.

2020년 자기 계발에 몰두할 때, 일과를 분 단위로 계획했다. 미래에 무얼 하겠다는 명확한 타깃도 없이 뭐라도 열심히 하면 점차 발전하게 될지도 모른다는 막연함으로 시작했다. 불안한 마음을 없애려는 방편이다. 일단 이왕 시작한 거 양이라도 많이 늘려 보자는 마음으로 여러 챌린지에 참여했다. 매일 밤, 다음 날 일정을 자세히 적었다. 시간을 낭비하고 싶지 않은 생각에 휴식도 없이 그저 해야 할 '일'만 주야장천 적어뒀다. 그리고 하나씩 쳐나갔다. 목록에 이미 한 것을 지워나갈 때면 자존감도 올라가는 기분이었다. 그렇게 한두 해 다이어리를 적으며 일정을 관리했다.

　지금껏 코로나에 세 번 걸렸었다. 이러다 죽겠다 싶을 정도로 아프고 나니 루틴이 무너졌다. 다시 이어서 계획 모드로 돌아오면 되는데 쉽지 않았다. 쓰던 다이어리를 다 채우고 나니 새로 시작하는 게 귀찮다는 생각마저 들었다. 그 뒤로는 디테일한 계획 없이 굵직한 것만 메모지에 적어서 잊어버리지 않는 용도로 사용했다. 당시에 했던 일 중에는 이것저것 배우면서도 말씀 묵상, 글쓰기, 그림 그리기, 블로그, 캐릭터 창작, 그림 강의 등 내가 빼먹지 않으려고 일정에 꼭 넣었던 것이 있었다. 일정을 세세하게 짜지 않으니 다른 일이 끼어들면 순서가 틀어졌고, 하루 이틀 빼먹는 날이 생겼다. 코로나 후유증 영향도 있었지만, 이런 시간을 겪으면서 '아 나는 계획적인 사람이 아니라 즉흥적인 모습도 있구나.' 생각했다.

꿈도 칭찬도 구체적으로

　본래 구체적인 표현보다 추상적인 표현을 주로 하는 편이었다. 기분도 마음도 원하는 것도 모두 표현이 두루뭉술했다. 워낙 우유부단한 성격이라 누가 "뭐 먹을래?" 물으면 "아무거나"라고 대답하는 게 편했다. 생각하고 결정하는 게 머리 아팠다. 식당에서 메뉴 고르기 어려우면 늘 먹던 거 한두 메뉴에서 돌려먹기도 했다. 그냥 남이 하는 걸 같이 하고, 다른 사람이 선택한 걸 따라가는 게 편했다. 누군가를 칭찬할 때도 그냥 "예쁘다. 멋지다. 분위기 있다." 정도의 표현으로 상대를 칭찬했던 나다. 감정 표현도 1과 10의 표현은 없다. 그저 4~7 사이의 수준으로 적당히 표현하는 게 편했다. 이랬던 내가 요즘에는 사람들로부터 '구체적'이라는 말을 꽤 많이 듣는다.

"머리에 컬이 살아 있어서 볼륨이 살아나니, 얼굴도 더 작아 보이고 분위기 있어요."

"오늘 피부에 뭐 했어요? 피부에서 윤이 나네. 건강해 보이고 탱탱해 보여요. 비결이 뭐예요?"

"우리 ○○ 님은 기초훈련이 잘되어 있어서 소리가 단단하고 자음의 특성과 모음의 조음기관을 완벽하게 이해한 것 같아요. 소리 너무 좋습니다." 혹은 "지금 어느 부분이 잘 안 되니까 ○○○ 방법으로 훈련해 보시겠어요? 제가 시범 보여 드릴게요. 그대로 따라 해 보세요."라고 말한다.

영어 소리 코칭할 때도, 누군가와 대화할 때도, 꽤 구체적으로 칭찬한다. 문제점을 이야기할 때도 구체적으로 제시해 준다. 그럼 상대방은 구체적인 칭찬을 받을 때, 내가 말하는 게 진심이라고 느낀다. 진짜 자신이 그런지도 한 번 더 생각해 보게 된다고 했다. 고쳐야 할 부분이 어디인지 정확하게 짚어주니 수정 훈련하는 데 도움이 많이 된다고 한다. 뭉뚱그려 말하면 회원은 어디가 어떻다는 건지 모른다.

거의 다 책 쓰기 수업을 듣고 글을 쓴 덕분이라고 해도 과언이 아니다. 물론 코칭 법에서도 정확하게 문제점을 딱 집어서 알려주는 훈련도 했다. 지금도 문제 파악, 진단을 위해서 노력하고 있다. 어떻게 하면 상대가 좀 더 쉽게 알아들을 수 있을지 고민한다. 글쓰기와 코칭이 만나서 성장 시너지를 내고 있다. 글을 쓸 때는 내 경험과 상황을 구체적으로 표현해야 한다. 상황을 묘사할 때도 보지 않고 눈으로 읽어야 하는 독자를 배려해 흥미와 구체성이 드러나게 글 쓰는 노력이 필요하다. 이 과정에 추상적이고 모호한 나를 점점 구체화했다.

열망의 페달을 계속해서 돌려라

출간 작가가 된 후, 나도 언젠간 책 쓰기로 사람들에게 도움을 주고 싶다는 막연한 생각을 했다. 그 날이 언제 올지는 알 수 없었다. 게다가 당장 내 책 목차 한 권 제대로 못 만드는 사람이 무슨 책 쓰기를 가르칠까 싶었다. 40일만 글 쓰면 책 한 권이 만들어지는데, 그게 어려워서 지지부진하게 시간만 끌기도 했다. 책 쓰기 코칭은 내가 글을 잘 써야 하는 것도 있지만, 내가 알고 있는 것을 구체적으로 잘 알려줄 수 있어야 했다. 그러려면 수업도 듣고 계속 나의 글력(글의 힘)을 키우고, 글의 구성을 보는 눈, 기획력을 키워야 한다.

어떻게 해야 할지 그저 막연할 때 〈자이언트 북 컨설팅 라이팅 양성 과정〉이 생겼고, 1기로 합류했다. 내가 구체적으로 계획을 세우지 않아도 매주 수업을 듣고 배운 것을 아웃풋 하면 됐다. 그러나 문제는 그다음이었다. 프로그램은 어떻게 세울지, 일정은 언제로 잡을지, 특강은 한 달에 한 번 할지, 두 번 할지, 회원 유치 방법, 강의 자료는 어떻게 만들 것인가, 회원 주제 기획에 있어서 코치로서 어떻게 도울 것인가도 생각해야 했다. 머리가 지끈지끈 아팠다. 그렇게 다시금 일정을 세워 정리하면서 하나씩 실행했다.

나는 그저 타깃도 없는 '지식 전달자'가 되고 싶다는 꿈을 2년 전부터 갖기 시작했다. 그때는 지금의 내 모습을 갖추게 될 거란 생각도 못 했다. 그 분야가 글쓰기가 되리라는 것도 상상하지 못했다. 그저 내게 기회가 올 때마다 마음먹은 대로 실행에 옮겼고, 무엇부터 해야 할지 차근히 움직였다. 다른 사람의 속도만큼 못 따라갈 때는 자괴감마저 들었지만, 그때마다 나를 다독였다.

"정말 막연했을 때, 앞이 안 보일 때도 있었는데, 꾸준히 하고 싶은 것을 하다 보니 오늘이 왔잖아. 잘하고 있어. 멈추지만 말자. 그리고 더 구체적으로 꿈꾸고 적어보자."

원하는 게 생기면 사람은 그것을 쟁취하기 위해 자신의 시간을 열망으로 채우게 된다. 원래 계획적이고 섬세한 사람이든 아니든 상관없다. 자기 기준에서 계획을 세우고, 그것을 위해서 멈추지 않고 페달을 밟아 나가면 목적지에 설 수 있게 된다고 믿는다. 그래서 오늘도 계속해서 달리는 중이다.

(3)

버려야 비운 만큼
새로 채울 수 있다

네 잔이 가득 차도록 비워라.
탐욕과 욕망이 없어지면 존재의 단순함 속에서
참된 성취를 발견하게 될 것이다.

- 노자

오지랖과 멀티 태스킹

나는 욕심이 많다. 이것도 잘하고 싶고 저것도 잘하고 싶다. 한때 내 별명은 '네이버'였다. 친구들이 뭐만 물어보면 맞는 답이든 틀린 답이든 일단 대답했다. 어디서 주워들은 내용도 아는 양 말하고, 모르는 건 '그런 거 아닐까?' 대답했다. 우연히 다 맞아떨어진 경우가 많았다. 똑똑해서, 많이 알아서가 아니라 뭐든 주워들은 정보와 내 생각을 조합해서 바로바로 대답했다. 적극적으로 반응하며 '네이버'라는 별명을 즐겼던 거다. 내가 궁금해서 찾아보기보다는 다른 사람이 궁금해하는 부분을 직접 검색해서 알려 준 경험이 더 많았다. 친구들 반응에 흥이 나 더 열심히 반응했다.

오지랖은 윗도리에 입는 겉옷의 앞자락을 뜻하는 말이다. '오지랖이 넓다'는 말은 이 일 저 일에 관심도 많고 참견도 많이 하는 걸 가리킨다. 나는 그렇게 오지랖이 넓은 사람이 아니라고 생각했다. 세월을 살면서 돌아보니 어렸을 때부터 누굴 돕는 일엔 오지랖이 꽤 넓었다. 잘 대답해 주고, 잘 반응해 주는 사람이 친절한 사람이라고 생각했다. 그 덕에 '잡학다식'한 사람으로 비쳤다. 성인이 된 후에도 다방면에 필요한 사람이 되고 싶었다. 그 이유로 다양한 분야를 접하려고 애썼다.

일할 때도 일의 능률을 높이기 위해서 멀티태스킹을 하곤 한다. 한 가지에만 몰입하는 게 아니라 두세 가지를 동시에 처리하는 것 말이다. 혹은 하나 끝내고 얼른 다음 것을 하기 위해 미리 준비해 두는 것도 잊지 않았다. '벌여 놓는다'는 표현이 맞는 듯하다.

최근에는 인터넷 창에 여러 창을 띄워 놓고 작업을 한다. 예를 들면 영어 코칭을 하다가 파일 로딩에 시간이 오래 걸리면 잠시 글을 끄적인다. 글을 끄적이다가 막히면 책을 펼친다. 뭔가 생각이 나면 강의안을 열어본다. 또 해야 할 포스팅이 기억나면 포스팅 페이지를 연다. 텔레비전도 잘 안 보면서 유튜브 영상을 틀어놓는다든지, 운동할 때도 요리할 때도 책이나 영상, 강의를 같이 본다든지 하는 행위 말이다. 나름 멀티태스킹이라고 말하고 문어발식 일 처리라고 한다. 예상컨대, 나와 같은 사람이 적지 않으리라고 생각해 본다. 동시 잡다하게 일 처리하는 게 습관이 되어서인지 그냥저냥 그렇게 일을 해도 나름대로 일의 능률이 낮지 않다고 생각했다. 어쨌든 이것도 저것도 해야 할 일은 다 하고 말기 때문이다.

장단점 있다. 뇌과학자의 말에 의하면 뇌는 동시에 여러 일을 처리하지 못한다고 한다. 그만큼 뇌는 빠른 속도로 두 가지를 오가면서 처리할 수 있다는 것이지, 동시에 처리하는 건 아니라는 뜻이다. 그렇게 생각하면 동시 여러 가지 일을 하는 건 당연히 집중도가 양쪽 다 떨어질 수밖에 없다. 또 일의 성과도 생각만큼 안 나올 수도 있다. 보편적 의미의 집중력은 '일할 때 몰입할 수 있는 능력'을 말한다. 좀 더 집약적인 의미로 보면 집중력은 '하기 싫은 일할 때 기울이는 힘'을 말한다. 어떤 의미로 보든 멀티태스킹 하면 어느 한쪽에 실어야 할 힘이 양쪽으로 분산되는 것은 분명하다.

멀티태스킹도 욕심일까

동시다발로 일 처리가 가능하다는 생각에 일을 마구 벌였다. 하고 싶은 것도 많고 관심 분야도 넓어 다 하려고 했다. 취미 활동으로 할 때는 괜찮았다. 1~2년 전 취미 활동이자 소소한 일거리와 수익을 벌기 위해 했던 디지털 드로잉과 관련된 다양한 활동(그림 챌린지, 캐릭터 그리기, 인물 그리기, 이모티콘 만들기, 그림 발행, 튜터 활동)은 성취감을 높이고 싶어서 했던 활동이었다. 더불어 그림일기를 쓴다든지 말씀 묵상 맵을 그린다든지 하는 챌린지는 내가 하지 않아도 상관없는 일이었다. 활동 여부가 다른 사람에게 피해를 주거나 손해를 감수해야 할 일은 아니었다.

문제는 새로운 '일'을 시작하면서 생겼다. 영어 코칭 하면서 점점 인원이 늘어났다. 코치로 활동하려면 퇴보하지 않기 위해 훈련해야 한다. 인원 대비 코칭에 쏟는 시간이 만만치 않다. 동시에 책 쓰기 코치를 시작하면서 해야 할 일이 더 많아졌다. 수업 준비를 위해 이 분야에서 자기 계발을 게을리할 수 없는 상황이 되었다. 수업을 듣고, 강의를 준비한다. 책 읽고, 글 쓰고, 다양한 분야의 강의를 듣는다. 이것만으로도 좀처럼 여유가 없다. 나와 함께 하겠다고 돈을 내고 평생 회원으로 가입한 회원들에 대한 책임감이 생겼다. 집중하기 위해 일을 단순화시킬 필요가 있었다.

내가 뭘 잘하는지 몰라 고민하며 시작했던 다양한 취미를 수익과 연결하고 싶었다. 한 편에서는 여러 우물을 파면서 경험을 많이 해보라고 권했고, 다른 편에서는 딱 한 가지에 몰입해서 열심히 될 때까지 하라고 했다. 뭐가 맞는 말인지는 몰라도 일단 할 수 있는 이것저것 하다 보면 나도 뭐 하나는 걸리라는 심정으로 일을 벌인 거다. 주변에 나 같은 사람 꽤 있다. 이 일 저 일, 정에 이끌려 등록하고, 하고 싶어 신청하고, 해야 할 것 같아 참석하면서 다양한 장르에서 활동한다. 일단 관심 있으면 다 등록해 놓고 보자는 사람이 있다. 성경에 '내 눈의 들보는 못 보고 다른 사람 눈의 티는 본다'는 구절이 나온다. 내가 그런 격일지 모르지만, 그런 사람을 보면 안타깝다. 흉보는 차원은 아니다. 그렇게 일을 벌이는 마음이 어떤지 알기에 안타까운 마음이 들었다. 직접 붙들고 내가 그렇게 해봤는데, 그렇게 하지 말고 지금 잘 하는 거에 집중해서 더 키워보라고 말하고 싶었다. 내 눈에는 그 사람의 장점이 보이고, 지금 중점적으로 하는 일만 파면 잘 할 것 같은데 정작 본인은 모른다. 누군가 나를 볼 때 그런 마음일 것 같다.

하나를 얻기 위한 비움

"주선아, 그냥 너 그림을 그리든 글을 쓰든 둘 중에 하나에 올인해 봐. 두 개 너무 힘들지 않아?"

실제로 온라인에서 만난 친한 언니가 나에게 권했던 말이기도 하다. 그 말을 들었을 때는 그림과 글을 함께 가져가면 되는 거 아닌가 생각했다. 그렇게 하는 사람도 많이 있으니까, 그러니 나도 그렇게 할 수 있을 거로 생각했다. 시간이 지나면서 내가 두 가지를 동시에 해낼 수 있는 능력이 안 된다는 걸 알았다. 실제로 두 가지를 해내는 사람도 있다. 나는 무언가를 배우면 더 실력을 키워야 한다는 부담에 마음이 무거워졌다. 완벽주의 탓이다. AI가 등장하고부터는 더 쉬워졌다곤 하지만 틀을 이해하고 이용하는 데는 시간이 꽤 걸렸다.

염일 방일(拈一放一)이라는 고사(故事)가 있다. "하나를 얻으려면 하나를 놓아야 한다."라는 뜻이다. 나는 계속해서 하나를 얻으면 또 다른 하나를 얻으려고 했다. 내가 아무리 욕심을 부려도 무게의 추는 더 중요한 것으로 기울게 되었다. 시간이 지나니까 알아서 가지치기가 됐다. 더 좋은 걸 얻기 위해 덜 좋은 걸 내려놓아야 하는 시점이라는 걸 느꼈다. 어떤 게 더 좋은 것이고 안 좋은 것이라는 게 아니다. 단지, 지금 내가 더욱 집중해야 할 분야, 더 성장에 열의를 쏟아부어야 할 곳에 힘을 싣는 건 내 선택이고, 판단이었다. 그게 바로 책 쓰기, 글쓰기다. 두 손을 꽉 쥐고 있으면서 또 새로운 걸 가지려고 하면 잡을 수 없다. 발로 잡으려 하거나 입으로 잡으려 한다면 입과 발은 제 기능을 할 수 없다. 불편하기 짝이 없다. 잔을 새로운 것으로 채우려면 비워야 하듯 말이다.

늘 욕심이 문제다. 뭘 더 배울까? 뭘 더 알아야 할까?만 고민했다. 더 큰 것을 얻고자 하는 욕심 때문인가 보다. 다산이 말하길 '물극필반, 사물이 극에 달하면 반드시 뒤집힌다'고 했다. 그릇이 가득 차면 넘치고, 달이 가득 차면 기우는 법이다. 시간은 한정되어 있고 몸도 한 개뿐이다. 능력 있는 사람으로 보이고 싶고, 다재다능한 사람으로 인정받고 싶다는 마음에서 비롯됐다. 제대로 성장하기 위해서 욕심을 좀 내려놓으니 이것저것 벌여놓고 마음이 동동거렸을 때보다 편해졌다.

그러나 여전히 나는 오지라퍼로서 내 도움이 필요한 사람이면 적극적으로 돕고 싶다. 어쩌면 비운 만큼 다시 또 채우려고 할 거다. 사람 쉽게 안 바뀐다. 이왕이면, 잡다한 것 말고 제대로 글쓰기 분야에서 계속해서 성장하기 위해서 시간을 쓰려 한다.

쉽게 포기하지 않는 사람은 결국 해낸다

> 당신이 멈추지 않는 한
> 당신이 얼마나 천천히 가는지는 중요하지 않다.
> - 공자

정말 해도 안 되는 걸까?

영어 코칭을 받다가 아직 단계가 남았는데, 다음 달 연장하지 않는 사람들의 대답은 거의 비슷하다.

"제가 다음 달 너무 바빠서요. 시간 없어요."
"저의 진짜 버킷리스트가 영어 잘하는 건데요, 정말 정말 너무 바빠서 짬이 안 나요."

자주 듣는 말이다. 그럴 때마다 안타까운 마음이 든다. 여러 사정이 있겠지만, 아직 단계가 남았는데 말이다. 처음에 시작했던 목표가 있었을 텐데 삶에 치여 우선순위에서 밀려났다는 것이다. 학생이 아닌 경우에는 누군가가 등 떠밀어 시킨 것도 아니고 자신의 필요로 신청했을 거다. 그보다 더 중요한 게 있으면, 자연적으로 우선순위에서 밀려날 수밖에 없다. 나도 그렇게 우선순위에서 밀리는 일이 있다. 적어도 돈 들여 결제했으면 루틴 안에 끼워 넣어 우선순위로 세우기 마련인데 말이다. 나도 그럴 때가 있기는 하다.

한 번은 지도자 과정을 듣던 회원 S가 있었다. 지도자 과정을 마치고 한 번에 합격 안 될 것 같고, 자신의 실력이 형편없다며 추가 코칭 신청을 했다. S의 문제점을 진단하고 필요한 코칭 솔루션을 시작했다. 처음 발견했던 발성에 대한 문제점 개선을 위해 백방으로 연구하며 코칭 했다. 중간에 몇 번 현타가 온다며 울기도 하고 마음대로 잘 안 된다며 때려치우고 싶다는 말을 여러 번 했다. 그때마다 달래서 유지하게끔 도왔다. 추가 코칭이기에 2개월 정도 코칭 받으며 꽤 많이 발전했다고 느꼈을 때쯤이었다.

"코치님 저 이제 진짜 못 하겠어요. 저는 해도 안 되나 봐요. 그냥 여기서 그만하겠습니다."

이 말을 듣고 나는 한사코 손사래 쳤다.

"우리 진짜 금광이 코앞이에요. 거의 다 왔어요. 지금 그만두면 너무 속상하잖아요. 우리 S님 원래 목표가 지도자 아니셨나요? 이제 시험 보셔야죠. 지도자 하시려던 이유가 있으시잖아요. 떠올려보세요."

정말 최선을 다했을까?

어떻게든 마무리시키고 싶었다. 일이십 만원도 아니고 몇백만 원인데, 진심으로 여기서 그만두기에는 아깝다는 생각이었다. S는 그럼 하루 이틀 더 생각해 보겠다고 하더니 결국 돌아오지 않았다. S는 내게 벽을 넘지 못하는 스스로가 굉장히 바보 같고 한심하다고 말했다. 그 마음이 어떤 마음인지 알기에 더 안타까웠다. 나도 코치가 되기 위해 훈련할 때 마지막 관문에 걸려 있었다. 그 단계를 지나면 인턴 코치로 가는 건데 참 넘어서기가 힘들었다. 나는 한다고 열심히 하는데 왜 그렇게 오케이 사인이 안 나는지 문장 네 개만 가지고 한 달을 연습했다. 그때마다 나 스스로 "루저"라는 생각에 빠졌다. 다른 사람은 쉽게 통과하는 것 같은데 나는 왜 통과하지 못하는지 눈물이 복받쳤다. 그렇게 얼마 후, 통과되었을 때는 뛸 듯이 기뻤고 포기하지 않은 스스로 장하다고 말해줬다.

죽도록 노력했는데 안 되는 일도 있을 수 있지 않을까? 세상에는 내 마음대로 안 되는 일도 있으니까, 좌절을 느끼고 포기할 수밖에 없는 상황도 있지 않을까 생각한다. 아이러니하게도 그 회원은 죽도록 하지 않았다. 아이 문제, 살림 핑계가 수도 없었고, 컨디션 이야기도 자주 언급되었다. 훈련하지 못한 이유 말이다. 자기가 생각해도 좀 나사가 풀린 것 같다며 여러 번 말했고, 다시 심기일전해 보겠다더니 작심삼일 되기 일쑤였다. 나 역시 죽도록 했다면 더 빨리 합격할 수 있었을지도 모르겠다.

나의 경우 거짓말 안 보태고 매일 하루도 빠짐없이 노력은 했지만, 내 방식을 고집하며 '나는 잘하고 있다'라고 생각했기 때문에 더뎠던 것일 수도 있었을 거다. 회원이 포기하는 모습을 보면서 더 끌어당기지 못한 코치로서 속상했다.

금광을 캐는 두 사람의 그림이 있다. 한 사람은 광을 캐는 곡괭이를 들고 열심히 파서 마침내 보물을 손에 넣는 그림이다. 다른 한 사람은 바로 10cm를 앞두고 이제 더는 못하겠다며 곡괭이를 떨구고 뒤돌아서는 그림이다. 이 두 가지 모습을 보면서 바로 앞에 있을지도 모르는 보물을 포기하는 게 얼마나 어리석은지 볼 수 있었다.

"같이 글 써보실래요?"
"아뇨. 저는 글을 잘 못 써서요."
"아, 제가 진짜 지금 너무 하고 싶은데 시간이 없어서요."
"책이요? 버킷에는 있지만, 저는 아직 한참 멀었어요. 아직 깜냥이 안 되거든요."

꽤 많은 사람에게 글쓰기 제안을 했다가 들은 말이었다. 책을 쓰라는 것도 아니고 글을 써 보라는 데도 그런 대답을 하는 사람을 볼 때면 마음이 없다는 생각이 들었다. 더 권하려고 할 때마다 벽을 치는 것을 보면서 혼자 중얼거렸다. '너무 하고 싶다는 말은 거절 멘트 아닌가….' 적어도 그랬다.

쉽게 포기하지 않는 동력

많은 사람이 바꾸고 싶은 게 있어도 머릿속으로 생각만 한다. 시작과 변화를 두려워한다. 미리 안 될 거라며 시동을 걸기도 전에 브레이크를 꽉 누른 상태로 발을 안 뗀다. 혹은 노력해 봤는데 잘 안 된다며 쉽게 포기해 버린다. 보통 원하는 것에 의지를 세우는 것과 그냥 원하기만 하는 것은 다르다. 구분을 잘못한다. 의지가 있는 사람은 반드시 도전한다. 이 뤄낸다. 노력과 끈기가 필요한데 조금 하다가 안 되면 포기한다. 쉽게 돌아선다. 될 때까지 해보는 집념을 보이는 사람은 적다.

나도 그랬다. 목표는 세웠는데 막연하기만 했다. 미래에 일어날 경우의 수를 유추하면서 걱정만 늘어놓았다. "그러다 안 되면 어쩌지"가 가장 큰 고민이었다. 지금까지 일을 시작할 때 이런 걱정은 아무런 도움이 안 됐다. 일단 시작하면 실수를 수정할 수 있었고, 어떻게든 진행했다. 부족하더라도 그 과정을 통해 성장할 수 있었다. 글 한 편 쓰면서 무슨 말을 써야 할지 모를 때는 오만 생각이 다 든다.

"이 글 한 편 적다가 원하는 메시지가 산으로 가면 어쩌지. 내가 원하는 만큼의 글이 안 써지면 어쩌지. 글 쓰다 망치면 어쩌지!"

이러한 생각이 들 때가 있다. 분명한 건 일단 시작했으면 끝을 내고, 어떻게든 하는 '지금, 여기'에 몰입하려고 하면 쓸 수 있다. 어느 순간 걱정했던 마음은 누그러들고 어떻게 하면 '이 작업을 성공적으로 마무리할 수 있을까?'에만 집중한다.

무언가를 진정 원하고 간절한 사람은 숨어서라도 틈을 찾기 위해서 지켜본다. 끈기를 가지고, 쉽게 포기하지 않는 건 쉬운 일은 아니다. 마음에서 늘 요동친다. "나는 할 수 있어!"라고 하지만, 속마음은 '어제도 실패했잖아.'라고 말한다. "나는 원하는 목표를 해내고 말 거야!" 하지만, 내 안에선 '대체 그게 언젠데.'라고 말한다. 용감하게 뱉은 말이 허무하리만큼 금세 마음속 말이 생각을 집어삼키고 만다.

이런 마음이 반복되면, 나는 남편 혹은 지인에게 나의 계획을 말한다. 감정 또한 털어놓는다. 이렇게 말하면 입바른 말이든 힘을 주기 위한 말이든, 지금까지 내가 해낸 일을 찾아서 독려하는 말을 해준다. 해낼 수 있다고 잘하고 있다고 격려해 준다. 이 방법 내겐 쉽게 포기하지 않는 동력이 되었다. 또 한 가지는 1개월, 6개월, 12개월 단위로 내가 해낸 일과 시도하고 있는 일을 나열해서 적어보는 것도 도움이 됐다. 가시적으로 보이니까 뭔가 개수만 많아도 멈추지 않고 움직이고 있다는 사실에 위로됐다.

아무것도 안 하면 불안하고, 하다가 쉽게 포기하면 자존감이 떨어진다. 좋은 말도 좋고, 용기를 가장 중요한 것은 나를 믿는 믿음이라고 생각한다. 일단 시작했다면 한두 번 넘어지고, 아니 일곱 번 넘어지면 여덟 번 일어나라는 말처럼 될 때까지 하겠다는 마음으로 덤벼볼 필요가 있다. 실패에도 끝까지 해낼 수 있는 태도는 취할 수 있는 최고의 선물이다.

(5)

두렵다고 물러서면 새로운 삶은 시작되지 않는다

삶을 두려워 말라. 삶을 살아 볼 만한
가치가 있는 것이라고 믿어라.
그 믿음이 가치 있는 삶을 창조하도록 도와줄 것이다.

- 로버트 슐러

두려움은 잠시뿐이다

고소공포증이 있다. 높은 곳에서 아래를 내려다보는 순간 오금이 저려 뒤로 물러선다. 어렸을 때부터 육교를 건널 때도 다리가 무너질까 무서워 빠른 속도로 건너다녔다. 중고등학교 6년을 버스 타고 다니며 그 육교를 건너야 했는데 6년 내내 빠른 걸음으로 다녔다. 오죽했으면 그 육교를 건너다 다리가 무너져 내리는 꿈을 꾸었을까, 꽤 자주 꾸었다. 그때마다 나는 육교 난간을 붙잡고 떨어지지 않으려고 애를 쓰다 잠에서 깨어났다. 63빌딩이나 남산타워에 올라가서도 아래를 내려다보는 게 무서워 멀찌감치에서 겨우 내다봤다. 놀이기구를 타고 싶은데 무서워서 망설였다.

높이 올라갔다가 뚝 떨어지는 자이로드롭이나 공중에서 허공을 흔들거리는 바이킹이 무섭지만, 친구들 다 타는 놀이기구 혼자 빠지고 싶지 않았다. 눈을 질끈 감고 손에 땀 쥐며 그 순간만 참으면 됐다. 무섭긴 했지만 잠시 참으면 타고 내려오면, 속이 울렁거리는 것 말고는 아무 일도 일어나지 않는다는 걸 알았다. 그렇다 해도 매번 타기 전 고민했다.

지난여름, 아이들과 놀러 간 수영장에는 고불고불한 모양의 캄캄하고 긴 슬라이드 터널이 있었다. 언제 또 아이들과 놀아줄까 싶은 마음에 같이 용감하게 들어섰다. 건장한 성인 남성이 누우면 꽉 찰 것 같은 좁은 통로에서 물이 세차게 흘러나왔고 대수롭지 않게 몸을 실었다. 생각보다 속도는 안 나고, 통로는 실제 길이보다 두 배는 길게 느껴졌다. 이쯤 되면 빛이 새어 들어와야 하는데 빛이 보이지 않는다는 느낌이 들 때쯤 꿈이 아닌 현실에서 처음 느껴보는 공포감이 들었다. 두려움이 느껴지는 동시 숨이 쉬어지질 않았다. 순간의 공포를 이기기 위해 "왜 이렇게 길어~~~"라며 소리를 질렀다. 그쯤 밝은 빛이 새어 들어왔다. 약 10초 남짓 되는 그 짧은 순간이 3분은 넘게 느껴졌다. 태어나서 처음 느끼는 기분이었다. 먼저 다 타고 내려온 삼 남매는 미끄럼틀 출구 앞에 서서 허리를 수그린 채 손을 무릎에 대고 내가 나오기만을 기다리고 있었다.

"엄마! 무섭죠? 거기 중간이 되게 캄캄하잖아요. 안 무서웠어요?"
"응. 엄마 진짜 무서웠어. 숨이 막 안 쉬어지는 것 같았는데, 너네는 괜찮았어?"

"네, 무서운데 너무 재밌잖아요! 또 탈 거예요!"

같이 또 타자는 아이들의 말에 두 손을 저으며 남편이 있는 의자로 갔다. 무서웠던 그 감정을 남편에게 생생히 털어놓으며 "나 폐쇄공포증도 있나 봐."라고 말했다. 무슨 일이든 두려움의 시작이 있다는 건 반드시 끝이 있다는 이야기다. 경험의 반복은 고통과 두려움을 이겨내는 데 상당한 도움을 준다.

뾰족한 목표가 있으면 시기를 당길 수 있다

지난 2년 사이 내 삶은 꽤 많이 바뀌었다. 평범한 삼 남매 엄마에서 작가가 되었다. 영어코치가 되었다. 자이언트 북 인증 라이팅 코치가 되었고, 〈글로다짓기〉 책 쓰기 코치로 활동을 시작했다. 라이팅 코치 1기 양성 과정 2개월 수료 후 바로 무료 특강을 시작했다. 총 10회의 무료 특강을 했고, 1기부터 8기까지 총 32회의 정규 수업을 했다. 2년 전까지만 해도 오늘의 내 모습은 상상도 못 했다.

자기 계발을 시작하기 전까지는 인생의 큰 목표나 디테일한 목표가 없었다. '무슨 일을 꼭 하고 싶어!'라든가, '이 일은 꼭 해내고야 말겠어!'라고 다짐할 만큼 야무진 꿈을 꾼 때가 없었다. 그저 원하는 대로 되면 좋고, 아니면 할 수 없고의 태도였다. 대충 살았다는 뜻은 아니다. 할 일을 하면서 내 인생의 방향이 어디로 흘러갈지, 나는 어떻게 살아야 할지는 늘 고민은 했다. 딱히 뾰족한 어떤 답도 얻지 못하고 말이다. 남아공에 선교사로 왔고 사역에 있어서 새로운 꿈을 꿀 때도 막연했다. 뭔가 해야겠긴 했는데 어떻게 해야 할지를 몰랐다. 말로는 답답하다고 말하면서 현실에서는 할 수 있는 게 없었다. 지금 돌이켜 보니, 할 수 있는 게 없는 게 아니라 뾰족한 목표가 없었다. '되면 하고 아니면 말고'가 가장 컸다.

두루뭉술한 '어린이집 건축'이라는 목표만 가지고 현지에서 직접 할 수 있는 게 없으니 '대체 되는 일이 하나도 없다'라고 말하며 적극적으로 알아보지 않았다. 아는 사람도 없고, 돈도 없고, 가서 부딪힐 용기마저 없었던 거다. 현지인에게 사기당할까 봐 두렵고, 일이 잘 못 될까 두렵고, 무시당할까 걱정되고, 대화가 안 통할까 두려웠다. 새로운 일을 시작하려면 가슴이 설레야 하는데, 설렘보다는 근심이 가득했다. 어린이집 건물을 짓기 위해서 고르지 않은 땅을 망치로 부수었다. 진짜 공사가 시작되니까 그 전까지는 정상 박동하던 심박 수가 좀 더 빨리 뛰는 느낌이었다. 벽돌을 가져다 붓고 다시 깨기 시작하니까, 다음 작업으로 땅을 다질 수 있었다. 땅을 다지고 기둥을 심었고, 콘크리트를 부었다. 콘크리트가 마를 때까지 기다렸고, 건물 뼈대를 세웠다. 그렇게 단계별로 건물의 외벽을 막고 지붕을 만들었다. 그다음 내부의 세세한 부분 공사 작업을 했다. 계획부터 시작할 때까지의 시간은 걱정과 불안, 염려가 가득했지만, 막상 시작된 모습을 보면서는 부디 탄탄하게 지어지기만을 지켜봤다. 뭐가 더 필요한지 어떻게 보완해야 할지만 생각하게 되었다. 완성될 건물 내부를 아기자기하게 채워 넣을 상상만 했다.

실체 없는 두려움을 넘기 위한 시작

두려움이라는 감정은 실체가 없다. 실제로 어떤 상황이 시작되기 전 혹은 일을 하기 직전의 감정이다. 극도의 두려움이 올 때는 내가 일을 감당하지 못할 것이라는 예상에서 시작된다. 패러글라이딩도 번지점프도 낙하산도 안 타봤지만, 한번 하고 나면 또 할 수 있을 거라고 예상한다. 중학교 때 놀이공원에 가서 절대 못 탈것 같은 자이로드롭을 처음 탔을 때 느꼈다. 지금은 애도 세 번이나 낳아보았기 때문에 웬만한 일에는 담력이 생겼다. 그런데도 여전히 크고 작은 일을 시작하기 전에는 내가 그 일을 시작한 후 '일어날지도 모르는 끔찍한 사건'을 예상하는 탓에 두려움이라는 감정은 매번 찾아온다. 목숨을 걸만한 일이 아니라고 해도 내가 예상한 최악의 결과가 내 발목을 잡는다. 이 모든 게 시작하기 전에 느껴지는 "무슨 일이 일어날까 봐." 혹은 "더 힘들어질까 봐."의 감정이라면 사실 이보다 더 힘든 일 앞에서는 이전의 감정은 아무것도 아닌 게 된다. 두려움은 상대적이다. 결국, 내 안에 존재하는 게 아니라 내 바깥에 존재할 뿐이다. 자기 분야에서 성과를 내는 사람들은 실체 없는 두려움을 이겨낸 것이다.

라이팅 코치를 처음 시작할 때, 대둔산 구름사다리에서 다리를 걸쳐 놓고 건너갈지 말지 고민했던 13년 전 나의 모습이 떠올랐다. 건너가 보고는 싶은데, 해내기만 하면 뿌듯할 것 같은데, 그다음 발을 딛기가 왜 그렇게 어려웠는지 모르겠다. 그저 내가 고소공포증이 있었기 때문이라고 탓만 해본다. 딱 두 걸음 밟고 도리질 치며 내려온 그때의 내 모습을 본 남편은 아직도 그 일화를 놀림거리로 삼는다.

라이팅 코치의 시작이 그랬다. 시작하면 할 수 있을 것 같은데 생각해야 할 게 너무 많았다. 강의를 못 하면 어쩌지, 회원이 안 모이면 어쩌지, 강의하다가 망치면 어쩌지, 하다가 중간에 라이팅 코치를 포기하면 어쩌지. 마치 '어쩌지 병'에 걸린 환자처럼 한숨을 푹푹 쉬고 다녔다. 남편이 내게 제발 한숨 좀 그만 쉬라고 할 정도였다. 새로운 시작은 설레지만, 무리라고 생각했다. 전기, 인터넷도 있었지만, 그것보다 마음이 더 문제였다.

아직 닥치지도 않은 수많은 걱정이 시작을 두렵게 만들었다. 지금도 앞이 훤히 보이는 건 아니다. 그저 중요한 건 시작이었다. 두려웠지만 새로운 일에 대한 설렘을 붙들고 시작했다. 직업이 바뀐다는 건 큰 성취감이다. 나에게 능력이 하나 더 생긴 거다. 그만큼 책임도 생기고, 실패에 대한 두려움도 다르지만 일단 시작하고 났을 때는 어떻게든 더 공부하고, 잘 꾸려가야겠다는 생각뿐이었다. 더 나아질 생각, 더 성장할 생각, 좀 더 단단해질 나와 〈글로다짓기〉를 생각하며 궁리하고 있다. 소리튠 영어코치에 합격하고 받았던 수료증과 뒤늦게 날아온 소리튠 명함, 수료를 마치고 받았던 라이팅코치 상패와 내 이름 석 자 적힌 금빛 명찰은 미래의 내 모습을 더욱 명확하게 상상하도록 만들어 주었다.

2024년 나의 원 워드(One Word)는 "연결(Link)"이다. 사람과 사람의 연결, 아이디어 간의 연결. 책과 글, 삶의 연결, 과거의 나와 미래의 나의 연결이다. 2024년은 끊임없이 연결하고, 연결되는 한 해가 될 거라고 확신한다. 연결의 의미는 곧 성장과 확장이다. 수많은 일이 있을 테고, 예상치 못한 넘어짐이 있을 거로 생각해본다. 때마다 만나는 상황이 두려워 물러나 있지 않기로 했다. 새로운 삶은 시작 되었고, 나는 이제 이 가지를 여러 갈래로 뻗어 나의 도움이 필요한 사람에게 연결할 거다. 나 자체가 '링크'가 되는 상상을 해본다. 어떤 새로운 일이 연결될지 몹시 기대된다.

⑥

노력 없는
성장은 없다

노력 없이는 성장할 수 없다.
노력은 성공의 씨앗을 뿌리는 비료다.
- 나폴레옹 힐

씨앗의 시작

주변에 자기 계발하는 사람이 늘고 있다. 그들은 자신의 분야에서 최선을 다해 살아간다. 한 가지가 아닌 두 가지, 세 가지 활동을 이어가는 사람이 꽤 있다. 그런 사람을 보며 나도 자극을 받는다. 여기서 말하는 주변 사람은 모두 온라인에서 만나는 사람이다. 실제로 오프라인에서 만나는 대부분 사람은 일과를 빡빡하게 사는 사람이 드물다. 바쁘지 않다거나 힘들지 않다고 말하는 차원이 아니다.

남아프리카에 살면서 의미 있고 바쁘게 살기는 하지만 '치열하다'라는 느낌은 안 든다. 이곳에서 사는 사람들이 한국에 다녀오면 신선하고 재미있어서 좋지만 정신없다고 말하곤 한다. 여기서 살다가 한국 가면 빠른 변화에 적응 못 할 거라는 말이 대부분이다. 굳이 비교해 보자면 덥고 느린 나라에서 살면 치열한 삶과는 멀어지게 된다. 한국에 살 때도 늘 바쁘게 지냈다. 그러나 자기 계발로 인해 바쁜 느낌보다는 직장과 교회, 육아로 바빴다.

6년 전만 해도 무언가를 배우기 위해서 시간을 투자하는 일은 어려웠을 뿐 아니라, 하고 싶어도 '되면 하고 아니면 말고'였다. 매일 챙겨야 하는 삼 남매와 쌓인 일만 처리하는 데도 하루가 모자랐다. 그때도 지금도 하루 24시간은 같은데, 이 느린 나라에 살면서 오히려 왜 지금이 한국에 살 때보다 더 바쁘게 느껴지는지 종종 생각해본다.

책 쓰기 코치와 소리튠 영어 코치, 두 분야 모두 코치로서 연구하고 노력해야 한다. 새로운 직업을 얻기 위해서는 준비하는 시간이 필요하다. 수료 과정이 필요하다면 이수해야 하고, 자격이 필요하면 시험을 봐야 한다. 시험을 보기 위해서는 공부해야 한다. 나 역시 영어 소리 코치로 공부했고 시험 봐서 합격 후 코치로 일한다. 책 쓰기 코치는 시험은 없지만 바로 실전에 뛰어들어야 했다. 그간 글 써왔던 누적의 시간과 출간한 책들을 기반으로 책 쓰기 지도자 양성 과정을 이수했다. 문제는 지금부터다. 자격을 얻었다고 해서 끝이 아니라 '시작'이라는 것이다. 내가 가진 경력을 유지하기 위해 해야 하는 노력이 있다.

내 것으로 확장하는 시간

종종 그런 생각 한다. 나도 열심히 살지만, 사람들은 왜 이렇게 열심히 살까? 이루고 싶은 목표가 있어서라는 걸 안다. 최근에 내린 개인적인 결론은 시대의 발전에 따라 도태되고 싶지 않아서라는 생각이었다. 더불어 자기애가 점점 높아지는 시대 같다. 더 나은 내가 되고 싶고, 성장하고 싶고 성공하고 싶어서다.

내가 열심히 사는 이유도 그와 같다. 누군가에게 필요한 사람이 되고 싶다. 해 아래 새것은 없다고 했다. 배움이란 모방에서 시작해서 독창으로 나아가는 과정이다. 온고지신(옛것을 익히고 그것을 미루어서 새것을 앎)이든 지온고신(사전에는 없음 - 새로운 것을 배우고 이전 것을 살펴봄)이든 계속해서 발전시켜나가는 과정을 거친다. 다른 사람에게 배우지만, 배운 것'만' 계속 쳇바퀴 돌리듯 돌리면 발전할 수 없다고 생각한다. 성장하기 원한다면 누가 물어다 주는 거로 평생 살 수 없다. 새끼 새도 어미가 물어다 주는 먹이를 먹고 날갯짓하며 성장하듯, 나 스스로 배운 것을 토대로 개발하고 연구하며 성장하려 노력한다. 필요하다면 강의도 듣고, 좋은 강의를 듣고, 책 읽는다. 가끔 사람도 만나 사는 이야기를 듣는다. 문화생활도 가까이해야 한다. 책, 영화, 드라마 등에서 보고 들으면서 생각을 확장한다. 최근에는 뉴스도 유심히 보게 된다.

남아공에서 살면서 한국 소식을 일부러 찾아서 듣는다. 처음에는 그냥 뉴스가 보이면 보이나 보나, 들리는 그런가 보다 싶은 정도로만 살았다.

최근에는 사회 문제, 육아와 부모 교육에 관한 문제에 대해서도 조금 더 귀 기울여 듣는다. 종종 유튜브 채널로 〈금쪽같은 내 새끼〉를 본다. 예전에도 육아에 대한 지식을 얻고 사례를 보려고 봤었는데, 한동안 보지 않았다. 최근 다시 부모와 자녀의 모습, 오은영 박사의 처방전을 들으려고 다시 보기 시작했다. 프로그램에서는 육아 이야기, 부모 문제 이야기를 다루지만, 사회 측면이나, 교육 측면까지도 생각해 볼 수 있다. 또한, 책 쓰기 수강생 대부분이 육아기에 있는 부모인 경우가 많아 책 쓰기 강의에도 적용할 수 있다.

몇 달 전, 현지 한인 학교에서 고등학생 대상으로 책 쓰기 수업 제안이 들어왔다. 무료 강의지만 흔쾌히 수락했다. 고등학생 맞춤으로 강의하려고 하니 또래 아이들의 관심사가 궁금해졌다. 학교에서 배우는 교과목, 수준까지 좀 더 훑어볼 필요가 있다고 생각됐다. 평소에는 유명 강사의 책과 강의도 찾아서 본다. 토니 로빈스, 존 아사라프, 일론 머스크, 켈리 최, 김승호 등 부와 성공의 법칙에 관련된 경험과 동기부여 위주의 강의를 듣는다. 국내 유명 작가 강원국, 김민식, 남인숙, 정문정, 김익한 교수 등 책 쓰기와 기록을 강의하는 채널도 찾아본다. 글쓰기와 관련된 책도 읽고, 인문학, 심리학, 뇌 과학, 경제학 등 편협하거나 문외한인 분야를 지식으로부터 확장시키는 훈련을 하는 중이다. 나 혼자 공부하는 게 아니라 다른 사람들에게 지식을 전하려고 하니 성장하지 않고는 안 되겠다는 생각이 들었다.

성장을 위한 페달을 계속해서 밟아야 한다

강사가 되려면 그만한 지위와 실력을 갖추기 위해 노력하고, 계속해서 공부해야 한다. 어린이집에서 근무할 때도 주기적으로 교사 연수가 있었다. 이미 알고 있는 이론을 뭐 하러 또 듣나 싶었지만, 몇 년이 지나 쓰지 않던 지식은 퇴화하여 새로웠다. 또한, 현장에서 적용하는 내용과 만나 효과를 극대화할 방법이 아이디어로 떠올랐다. 교수들도 교수법을 개발해서 교사들에게 전달하려고 애쓴다. 새롭게 배워 온 내용은 현장에 적용하기가 좋았다. 계속해서 연구하고 노력해야 한다. 책 읽어야 한다. 문화도 계속 접해야 한다. 생각해야 한다. 사색해야 한다. 질문을 던지고 고민한다. 내가 가진 경력으로 만족하고 지금까지 배운 것만으로 뺑뺑이 돌리면 발전할 수 없다는 걸 느꼈다.

자이언트 북의 이은대 작가는 나의 글쓰기 멘토다. 평생 회원으로 입과한 후로 3년째 수업을 듣고 있다. 이은대 작가는 평생 회원 대상으로 같은 내용의 수업을 하지 않는다. 새로운 내용을 더해 알려준다. 회원 동기부여 및 멘탈 관리도 늘 새롭게 하여 자극해 준다. 그 덕에 나를 비롯해 강의에 참석하는 회원은 늘 새로운 정보를 얻어간다는 후기가 나온다.

2023년 6월 책 쓰기 정규 수업 강사로 시작하면서 '평생 회원'이라는 제도가 부담스러웠다. 내가 평생 회원제로 운영해서 잘할 수 있을지 자신 없었다. 그렇다면 어떻게 하면 좋을지 방법을 찾아보기로 했다. 한 달만 준비해서 계속 같은 내용으로 수업하는 건 너무 성의가 없다고 생각했다. 3개월 단위로 수업을 구성해서 3개월 재수강 혜택을 주고 수업을 돌려야겠다는 생각을 잠시 했다. 첫 달 그렇게 공지하고 나니 마음이 계속 불편했다. 이은대 작가는 8년 동안 550명 넘는 작가를 배출했고, 책도 8권, 전자책은 4권을 출간했다. 지난 3년간 국내 유일 라이브 퇴고 강의를 할 정도로 실력이 있는 분이다. 이제 시작한 내가 어떻게 평생 수업을 할까 싶은 마음이 있었다. 반면, 평생 회원제도로 매월 다른 강의를 준비하는 게 나를 발전시킬 수 있는 가장 좋은 방법이라는 생각이 들었다. 책쓰기 두 번째 무료 특강에서 평생 회원제를 결정하고 바로 공지했다.

배운 것만으로 평생 할 수 없다. 계속해서 배운 것에 살을 붙여 내 것으로 완전히 소화하고, 회원에게 줄 내용을 공부, 연구해야 한다고 느꼈다. 하고자 하는 일이 있고, 원하는 위치가 있다면 그에 맞는 절차를 밟아가야 한다. 세상에 저절로 되는 일은 없기 때문이다. 익숙한 것에 머무르려고 한다면 성장할 수 없을 것이다. 누군가의 성장을 위해, 나의 성장을 위해 오늘도 강의 듣고, 글 쓰고, 책 읽고, 연구하고 노력한다.

⑦

하기 싫고 **힘든 일**도
기꺼이 감수해야 한다

> 만 가치 이치, 하나의 근원은
> 단번에 깨지는 것이 아니므로 참마음,
> 진실된 본체는 애써 연구하는 데 있다.
>
> — 이황

가진 기술을 계속 연마해야 하는 이유

나는 우리 집 미용사다. 우리 식구만 남자가 셋인데 남자들은 한 달에 한 번 이발한다. 머리가 참 빨리 자란다. 은별은 여자니까 가끔 원할 때만 해 주면 된다. 식구만 해줄 때는 한 달에 한 번만 하니까 실력이 늘지 않았다. 주변에 소문이 나서 한두 사람씩 해주다 보니 모르는 사람도 예약하기 시작했다. 전문가는 아니지만, 한국에서 속성으로 배워 와서 현지에서 써먹을 수 있으니 좋다. 주변 사람들 예약이 늘어나니 다양한 머리를 만져볼 기회가 생겼다. 나름의 방법과 생각으로 이발을 해줬다. 다행히도 현지에서 머리하는 것보다 내가 해주는 게 제법 만족스럽다는 사람이 늘어났다. 매주 한두 명은 예약이 들어왔다. 여자들도 와서 파마와 커트를 부탁했다. 현지에도 파마약을 팔지만, 한국 약이 순하다며 한국 약을 원하는 사람이 많았다. 한국에서 가져온 파마약이 떨어지고 난 뒤로는 파마는 하지 않았다. 커트만 하는데도 예약 손님이 늘어났다. 실력은 늘었는데 체력이 달렸다. 약속 맞추느라 신경이 극도로 예민해졌다.

영어 코치와 책 쓰기 코치, 현지 사역이 평일까지 이어지면서 할 수 있는 능력치를 넘어섰다. 여러 가지로 봤을 때 하지 않는 게 낫다고 결론을 내렸다. 예약을 받지 않기로 했다. 예약을 받지 않고 호닥거릴 필요 없이 내 시간 쓰니까 좀 나았다. 그러다 두세 달 만에 지인이 머리를 부탁했다. 아이 머리 이발해야 하는데 현지 이발소는 가기 싫다고 떼를 부려 부탁한다고 말이다. 처음 보는 낯선 두상이었다. 머리숱 없고 둥근 뒤통수를 가진 우리 집 세 남자와는 다른 풍성하고 낯선 머리였다. 오랜만에 가위질하는 티가 났다. 여기가 좀 긴가, 여기는 좀 짧은가 하면서 길이 맞추다 시간이 점점 흘렀다. 이발기로 밀고 가위로 다듬는 데도 시간이 꽤 걸렸다. 원래 숱이 많은 아이기도 하지만 이렇게 시간이 걸릴 일이 아니었다. 결국, 적당한 선에서 마치고 정리한 후 뒷모습을 봤는데 한숨이 나왔다. 혼잣말했다.

'아, 오랜만에 하니까 이렇게 제대로 안 되는구나. 앞으로는 못 해준다고 해야겠다.'

반복해서 속말을 했다. 이래 봬도 현지에서 나한테 머리한 사람은 입 삐죽거리면서 간 사람이 없었다. 맘에 안 들었다면 또 연락이 안 왔을 게 분명하다. 자격증 가진 전문가는 아니지만 내 감각으로 제법 그럴싸하게 머리를 만져줬던 탓이다. 이제는 그 감각은 뽐내지도 못하겠다.

멈추면 퇴보한다

영어 훈련을 제대로 시작한 지 3년이 넘었다. 아픈 날 빼고는 하루도 훈련을 쉰 날이 없다. 더불어 코치로 일하기 시작한 후에도 개인 훈련을 매일 한다. 처음 영어를 시작했을 때 약 6개월간은 6시간을 훈련했다. 이 시기는 간절한 마음에 좀 무식하게 훈련했다. 시간 대비 효과적이진 않았다. 그 후, 소리튠에서 훈련을 시작하고는 하루 3시간씩 했다. 그렇게 하려고 정해 놨던 건 아니었는데 일정 분량을 정해놓고 반복하다 보면 시간이 훅 흘러가 있었다. 훈련하고 어느 정도 실력이 쌓이면 훈련을 그 만해도 되겠거니 생각했다. 웬걸, 시간이 지나면서 쉬면 안 된다는 생각이 머릿속에 자리 잡았다. 이유는 단순하다. 쉬면 그 수준에서 멈추거나 퇴행하기 때문이다. 며칠만 훈련을 안 해도 발성이 엉망이 되었다. 영어 문장이나 단어뿐 아니라 발성 자체를 바꾸는 훈련이라 쉬면 도루묵이 되려 했다.

코치가 되어서도 3개월에 한 번 역량 시험을 본다. 회사에서 그렇게 설정한 이유는 코치들이 현실에 안주하거나 퇴보하지 않도록 하기 위함이다. 계속 발전하도록 독려하는 차원이다. 코치 시험을 보려면 매일 일정

분량을 훈련해야 한다. 3개월에 한 번 시험을 보기 위해서는 적어도 한 달 전부터는 집중적으로 훈련한다. 요즘도 매일 영어 지문 한 챕터와 대화문을 말하는 훈련을 한다. 미드 더빙도 한다. 개인 코칭을 받는 회원들도 아직은 훈련 단계에 있어 본인 스스로는 완성된 소리를 내지 못하지만, 듣는 귀는 있다. 코치 소리를 들으면 잘하는지 못하는지 금방 알아차린다.

코치로서 회원들에게 피드백을 줄 때 부끄럽지 않은 소리로 피드백해야 한다. 각 사람이 훈련할 때 겪는 문제들이 비슷하면서도 다르다. 맞춤 지도라는 측면에서 모두 똑같이 적용되지 않는 경우가 있다. 이럴 때는 문제 진단 후, 해결책을 제시할 때 옛날에 배운 방식만 고집하면 안 된다. 다양한 방식을 연구하고 적용해 다양한 코칭법을 개발해야 한다. 내가 지도자 과정에서 배웠던 그 당시의 정보와 수준에만 머물러 있다면 시간이 갈수록 고인 물이 되고 만다. 계속해서 연구하고 훈련하고 공부해야 하는 이유다.

작가가 된 후로 매일 글 쓴다. 마음에 부담을 가지고 '글 써야 하는데…….' 라고 생각했던 시기는 뛰어넘은 듯하다. 써야 하면 죽이 되든 밥이 되든 그냥 페이지를 열고 쓰는 거다. 쓰거나, 쓰지 않거나 둘 중 하나다. 글쓰기도 매일 쓰다가 며칠 쉬면 머리가 갑자기 멍해질 때가 있다. '뭘 써야 하지?'라는 생각부터 시작한다. 반면, 매일 글감이 넘쳐난다고 신나서 쓰면 한 가지 에피소드에서 서너 가지 주제를 찾아내기도 한다.

매일은 아니지만, 종종 이런 경험을 하면 신난다. 글만 쓰다가 반나절 이상을 보내는 날도 있다. 그러니까, 쓰면 쓸수록 더 많이 쓰게 되는데, 띄엄띄엄 쓰면 글쓰기 실력도 늘지 않을 뿐 아니라 쓸 말도 없게 느껴질 때가 있다. 뭐든 지속 반복할 때 눈에 보이지 않게 누적된 실력이 모여 시너지 효과를 낼 수 있다.

퀀텀 점프를 위한 노력

책 쓰기 강의를 준비한다. 내가 계속 배우는 사람으로만 있다면 크게 문제 될 게 없었다. 이제는 배운 것을 다른 사람에게 나누고, 스스로 공부해서 나누어야 하는 상황에 있다. 벌써 그럴까 싶지만 내 머릿속에서만은 나올 수 있는 게 한계가 있다. 계속해서 강의 듣는다. 배운 내용을 내 것으로 소화시킨다. 책을 읽고 주옥같은 말들을 주워 담는다. 유명 강사의 강의를 듣고 생각하며 내 용어로 바꾸어 본다. 강의에 적용한다. 책 쓰기 코치가 된 이후로 매주 신경 써서 자기 계발에 힘쓴다. 순전히 강의를 위해서다. 강의하기 위해서 공부하지만 결국 내 삶이 나아지는 걸 느낀다. 이전보다 많은 정보를 입력했다. 이전보다 더 많이 생각한다. 어떻게 하면 책 쓰기와 글쓰기를 회원들이 더 하고 싶게 만들 것인가 고민한다. 이 방법 저 방법으로 글을 써봐야 한다. 가끔 내가 언제까지 공부해야 하나 싶은 생각이 들 때가 있다. 몸이 조금 피곤하거나 컨디션이 좋지 않은 날에는 해야 할 일이 짐이다. 다 때려치우고 침대에 눕고 싶은 유혹도 느낀다.

어떤 사람은 목표를 낮게 잡으라고 한다. 그러나 나는 목표는 크게 잡되 그 목표를 성취하기 위한 일은 쪼개야 한다고 생각한다. 불편해야 성장한다. 하기 싫고 힘든 일을 선택해야 한다. 가치가 있고 목표 삼은 일은 늘 힘들 수밖에 없다. 백날 쉬운 일만 한다면 성장하기 힘들다. 고비를 넘고, 임계점을 넘기는 경험을 해야 점프 업할 수 있다. 지금까지 그래왔고, 앞으로도 그 과정에 내 삶에 있을 거로 예상해 본다. 최악의 상황에서도 해낼 수 있다고 말할 수 있어야 진짜 긍정이라고 생각한다. 모든 일이 술술 잘 풀리고, 기분 좋을 때 좋은 말을 하는 것은 누구나 할 수 있기 때문이다. 발전하고 싶고, 성장하고 싶다면 하고 싶은 대로만 살 수 없고, 편안한 상태만을 추구해서는 안 된다. 성장하고 싶다면 안주하는 상태를 벗어나 내가 목표한 바를 향해 부지런히 달려야 얻을 수 있다. 의식적 노력이 필요한 때이다. 여기서 멈추면 성장하지 못할 걸 알기에 멈출 수 없다.

의지를 이기는 것은
바로 전략이다

계획을 세우지 않는 것은 실패를 계획하는 것이다.

- 브라이언 트레이시

진취적으로 자신의 것을 만들어가는 사람들을 볼 때마다 도전받는다. 남들이 나를 볼 때는 어떻게 그렇게 진취적으로 사냐고 묻는다. 진취적인 부분도 있겠지만, 인간미 넘치는 허점도 있다. 때로는 의지박약이라며 스스로 구박도 한다. 인스타를 보다가 자주 보던 사람의 피드를 보게 되었다. 몇 달 만에 꽤 달라진 모습으로 멋진 포즈를 취하고 있었다. 아이를 낳고 육아하느라 자기 몸을 돌보지 않았던 육아 중인 엄마가 6개월 동안 꾸준히 운동을 열심히 했단다. 6개월 후 멋진 몸매를 만들어 바디 프로필 찍은 모습을 봤다. 그간의 기록을 보니 매일 꾸준히 운동하며 식단관리 해 온 기록이 있었다.

루틴이 전략이다

　나도 다이어트와 건강을 위해 꾸준히 노력했던 때가 있었다. 식단도 가볍게 먹으려고 애썼다. 지금 생각하면 그때 어떻게 그렇게 할 수 있었는지 내가 봐도 놀랍다. 당시 돈은 없고 체중, 건강 관리를 하는 데 소홀하지 말아야겠다는 생각이 컸다. 아프면 병원에 가고, 약값 들 테니 몸이라도 건강해야겠다는 생각에서였다. 무엇보다 집에서 유튜브 틀고 운동만 하면 되니 돈도 안 들었다. 정전이 자주 되어 인터넷이 안 되니 미리 영상을 받아 놓고 운동할 정도였다. 돈도 아끼고 자기관리도 하고 몸도 좋아지고 일거양득이었다. 하루 24시간 중 아예 2시간은 운동시간으로 빼놓았다. 보통 아이들 학교에 가면 바로 운동을 시작했다. 오전에는 유산소 위주로 적어도 1시간가량 했다. 저녁에는 아이들 다 자러 들어가면 혼자 거실에 나와 뛰지 않고 할 수 있는 근력 운동 위주로 1시간 했다.

　운동에 대한 욕구가 불 일듯 일어나니 힘들지만 재밌었다. 하기 싫은 날에는 스트레칭 위주로 조금이라도 했다. 아침 일찍 약속이 있거나 외부 일이 있는 날에는 1시간 일찍 일어나서 운동했다. 늦게 들어오는 날에는 하던 거 얼른 정리하고 자기 전에 무조건 30분이라도 했다. 거의 온종일 운동복을 입고 생활할 정도였다. 틈만 나면 운동하기 위해서였다. 그러니까 온종일 운동 모드를 장착하고 있었다. 운동을 빠뜨리면 안 된다는 생각이 의지를 넘어 강박이 되어가고 있었다. 그 이후, 코로나에 세 번 걸렸고, 아플 때마다 다시 세운 운동 루틴이 깨졌다. 헬스장도 가 보고, 산에 가고, 테니스 치고, 스쿼시 치고, 수영에, 요가, 줄넘기까지 해

봤다. 지루한 걸 싫어해 다양한 걸 했다. 물론 산이랑 테니스 빼고는 헬스장에서 다 이용할 수 있는 시설이었다. 그렇게까지 열심히 할 필요 있었나 싶었던 내가 요즘에는 운동을 주 2회 할까 말까. 하는 일이 늘어나고, 바쁘다는 핑계로 가장 먼저 줄어든 게 운동이 됐다. 몸이 건강해야 뭐든 할 수 있고, 컨디션도 유지가 되는데 뭐가 잘못된 느낌이었다.

내 시간은 내가 관리한다

신기하게도 집중하는 일이 늘어날수록 빨리 끝내야 한다는 생각에 엉덩이를 한 번 붙이면 일어나질 않았다. 이렇게 해서는 운동 평생 안 하겠다는 생각이 들었다. 머릿속으로 "운동해야지, 운동해야 해. 내일은 아침에 나가서 좀 뛸까?" 마음먹어도 그게 왜 그렇게 잘 안 되는지. 주 2회 정도면 이번 주 겨우 운동했구나! 한다. 얼마 전까지만 해도 아침에 일어나서 화장실만 갔다가 바로 책상에 앉았다. 새해 나의 목표 중 하나는 '시간 기획자'가 되는 것이다. 내가 계획한 것도 하나 제대로 못 한다니, 도저히 안 되겠다는 생각에 특단의 조처를 내리기로 했다.

1. 일단 일어나면 스트레칭, 화장실 다녀온다.
2. 양치를 바로 하고 운동복으로 갈아입는다.
3. 바로 책상에 앉으면 안 된다. 언제 일어날지 모르기 때문이다.
4. 운동복 갈아입고 바로 주방으로 가서 물과 유산균을 먹는다.
5. 운동화를 신는다. 밖으로 나간다. 혹은 바로 매트 위에서 운동을 시작한다.

비가 오지 않는 날이면 동네를 한 바퀴 뛰고 걷기를 반복하고 집으로 온다. 그럼, 약 40분 정도 걸린다. 첫날 이렇게 실행하기까지 몇 달간 생각만 했다. 왜 그렇게 안 됐을까? 나 스스로 그냥 결단하고 계획하고 행동하면 된다는 걸 알면서도 마음대로 옮기지 않았다.

내가 가장 먼저 바꾼 건 '책상에 바로 앉지 않는다'는 것이었다. 운동 먼저하고 나서 책상에 앉아서 그다음 일을 하기로 전략을 바꾼 거다. 그저 많이도 아니고 매일 꾸준히 30분 이상 운동하고 싶다는 목표에서 비롯됐다. 그냥 일단 뭐라도 운동만 하면 된다는 목표를 세웠는데, 비가 오지 않는 이상 그냥 운동화 신고 나가야겠다고 마음먹었다. 어떤 날에는 산에 간다. 동네도 뛰고, 테니스도 친다. 헬스장에 다니면 매월 돈을 내야 하지만, 테니스장 이용료 30랜드(약 2천 원)만 내면 코트 한 개를 1시간 동안 이용할 수 있다. 내가 몸만 일으키면 가성비 끝내주는 다양한 운동을 할 수 있다.

주체적인 인생을 위해 장치를 걸어야 한다

글쓰기도 마찬가지다. 매일 글을 쓰는데 간혹 일에 밀려 못 쓰는 날이 생긴다. 신기했던 건, 100일, 66일 챌린지를 진행하거나 참여할 때는 무슨 일이 있어도 글을 써서 올렸다. 오늘 써야 할 분량을 반드시 써서 올렸다. 챌린지가 아닌 나와의 약속에서는 가끔 타협점을 만들었다. "너무 피곤하잖아.", "아직 강의안도 다 못 만들었는데, 이것도 글쓰기잖아.", "내일 아침에 일어나서 쓰지 뭐." 이런 핑계로 합리화하는 날이 생겼다.

그런 합리화를 막기 위해서 나는 시각적, 심리적 자극을 만들었다.

항상 글쓰기 창을 열어둔다. 다른 작업을 하더라도 하단 상태 바에는 늘 한글 파일을 열어두고, 브런치를 열어두고, 블로그 창을 띄워 놓는다. 그래서 나의 웹사이트 창은 조금 지저분하게 다닥다닥 여러 개의 창이 늘 고정적으로 띄워져 있다. 물론 업데이트와 랩톱의 수명을 위해 껐다 켜기는 한다. 책상에는 밀리의 서재를 볼 수 있게 아이패드를 열어 놓고, 노트를 옆에 하나 둔다. 빈 노트가 아니라 이미 글씨 쓴 페이지를 펼쳐 놓는다. 펜을 위에 하나 올려둔다. 이런 행위만으로도 나는 어떻게든 글을 쓰도록 환경을 세팅해 두었다. 참 너저분하고 지저분하지만, 늘 내게 자극을 주는 환경이다.

무언가를 지속하고 있다고 자신 있게 말하려면, "왕년에"가 없어야 한다고 생각한다. "내가 옛날에는 말씀도 매일 보고, 기도하고 믿음이 좋았는데! 왕년에 내가 운동 좀 해서 배에 11자 복근도 있었는데! 내가 전에는 글 좀 썼는데, 아 요즘에는 그게 참 안 되네." 나는 이런 말을 하고 싶지 않다.

주체적으로 산다는 것은 "해도 안 되는 게" 아니라 "하니까 되네"가 되어야 한다. 마음먹었는데 실행으로 연결하기가 참 힘들다. 엄청난 저항감이 생기는 데 그게 밀려오기 전에 몸을 일으키면 된다. 쉽지 않을 때가 많다. 일어나서 바로 운동복을 입고, 글을 쓰려고 계속 창을 열어 놓거나 노트를 펼쳐 놓고, 펜을 올려놓는 나의 행위가 움직이게 만드는 전략이 되었다. 그러니까, 의지가 약한 게 아니라 전략 부족이라는 걸 깨달았다.

준비되기 전에 그냥 시작하라는 멜 로빈스의 '5초 법칙'도 도움이 됐다. 그냥 5, 4, 3, 2, 1 외치고 '아 몰라 시작!' 하는 거다. 그 시작이 그다음을 이끌어가는 의지가 될 거라고 믿는다. 정신 승리가 필요한 게 아니라, "해?"가 그냥 "해!"로 되도록 만들어야 한다. 전략을 위해서는 그에 맞는 환경 설정을 해야 한다. 해야 하는 걸 꾸준히 하지 못하는 이유는 목표가 뚜렷하지 않아서다. 또 다른 경우는 목표가 있어도 당장 눈에 보이지 않기 때문에 목표에 자꾸 마음이 꺾이는 것으로 생각한다. 나의 최선은 가장 쉽게 성취할 수 있는 작은 목표를 세우고 나만의 속도에 맞춰나가는 것이다.

타인을 보듯
나를 보고 피드백하라

> 아름답다는 것은 자기 자신다운 모습이 된다는 뜻이다.
> 그렇기에 다른 사람의 인정을 받을 필요는 없는 것이다.
> 당신 스스로 당신 자신을 받아들이면 되는 것이니까 말이다.
> – 티치 나띠한

피드백도 훈련이다

나는 '피드백'이라는 단어와 매우 밀접하게 살고 있다. 하루에 40명 넘는 사람에게 매일 피드백을 준다. 회원이 훈련해서 홈페이지에 파일을 올리면 그 소리를 듣고 문제 진단을 한 뒤 솔루션을 준다. 이 과정을 2년 넘게 하다 보니 피드백 시간도 짧아지고, 문제의 핵심을 파악하는 능력이 생겼다. 피드백을 받은 회원은 재훈련해서 다시 보낸다. 그럼 또 듣고 추가 피드백이 필요할 경우 다른 솔루션을 준다. 결과가 수정되도록 하는 게 내 업무이다. 덕분에 보람이 크다. 매일 변화하고 성장하는 회원의 모습에 자긍심을 얻는다. 퇴보하지 않기 위해서 코칭법 또한 배우고 계속 궁리한다.

다른 사람의 소리를 들으면 어디가 틀어졌는지 들린다. 어떻게 수정하면 되겠구나! 솔루션을 찾아낸다. 모두 이미 내가 지나온 훈련의 길이고, 훈련법 또한 코칭 받으면서 경험했던 노하우의 축적이다. 참 이상한 건 내가 훈련할 때 녹음한 파일을 몇 번을 반복해 들어도 내 소리는 어디가 틀어졌는지 찾기가 어려웠다. 친하게 지내는 동료 코치들에게 부탁도 하고 서로 도움을 주기로 했다. 각자 훈련한 소리를 서로에게 들려주고 피드백을 주고받는 방식이다. 재밌는 건 나만 내 소리를 못 듣는 게 아니었다. 각자 자신의 틀어진 소리는 잘 잡아내지 못했다. 서로에게 피드백을 주고받았다. 3개월마다 있는 코치 역량 시험 훈련 때에는 동료 코치들과 피드백을 주고받았다. 또한, 1년 선임 코치에게 요청했다. 동료 코치들끼리 못 찾은 틀어진 부분을 선임 코치는 귀신같이 잡아내 줬다. 내가 들을 때는 안 들렸던 부분을 단번에 찾아냈다. 이래서 경험과 경력이 중요한 거구나 생각했다. 그 피드백을 받고 오케이가 나올 때까지 내 소리를 듣고 받은 피드백을 반복해서 들으며 훈련했다.

1만 시간 법칙은 한 분야에서 성공하려면 1만 시간은 훈련해야 한다는 이론이다. 이 이론에 따르면, 1만 시간 동안 같은 일을 반복했다면 대단한 전문가가 되어 있을 거다. 심리학자인 안데르스 에릭슨은 "같은 일을 10년만 꾸준히 해도 그 분야 전문가가 될 수 있다."라고 말한다. 내가 생각하기로는 시간의 누적만으로는 큰 성장을 이루지 못할 것 같다. 악기도 스포츠도 그냥 무작정 연습만 하지 않는다. 벤저민 프랭클린은 50년 동안 거의 매일 체스를 두었지만, 실력은 전문가가 아닌 그저 평범한 사람의 실력에 그쳤다는 내용이 있다. 그저 만족할 만한 수준에서 그쳤거나 기계적인 반복 혹은 노력으로는 그 이상을 뛰어넘을 수 없다는 내용이다. 독학이든 개인 지도든, 부족한 부분을 수정해야 다음 레벨로 넘어갈 수 있다. 기계적인 노력 아닌 방법적 측면에서의 지혜가 필요하다.

수정이 없는 반복은 의미 없다

반드시 '수정'의 단계를 거쳐야 한다는 거다. 발전 없이 단순 노동하듯 쳇바퀴만 도는 1만 시간이라면 어쩌면 그 시간 동안 잘못된 방향으로 굳어지게 되는 안타까운 일이 발생할지도 모르겠다. 목표가 있다고 하더라도 어떠한 피드백도 받지 않고 계속해서 달리는 행위는 소용없다. 피드백이 없다면 성장은 더뎌지거나 멈추고 말 것이다. 먼저 배운 사람, 오랜 훈련을 하며 자신만의 노하우를 가진 사람의 피드백이 필요한 것들이 있다. 피드백이 없으면 스스로 어느 방향으로 가야 하는지 모르는 상태에 봉착하고 만다. 영어 코칭을 할 때는 단계별로 지도한다. 최종 단계인 5단계가 끝나면 회원들은 과정을 수료한다. 그럼 이후 다른 챌린지나 훈련으로 이어가지만, 추가 코칭이 이어지지 않았었다. 회원들은 이 단계에서 꽤 방황한다.

"코치님, 지금까지 코치님 피드백만 믿고 여기까지 왔는데 혼자 할 생각하니까 너무 걱정돼요."

나도 경험했다. 1년간 피드백을 받다가 더는 피드백을 못 받는 거로 생각하니 불안했다. 길 잃은 양의 기분이었다. 충분히 이해되는 말이었다. 또한, 다른 사람에게 주려고 하니 걱정 반 설렘 반 뒤섞였다. 마음처럼 말도 꼬였다. 이미 회원은 몇 개월 동안 피드백에 익숙해졌다. 마치 '중독'되었다는 표현이 지나치지 않을 정도로 불안해한다. 가끔 우스갯소리로 피드백 금단현상이라고 말하기도 한다. 이런 증상이 나타나는 이유는 내가 제대로 하고 있는지 스스로를 믿지 못하기 때문이다.

종종 피드백을 받으면서 '지적'이라고 표현하는 사람이 있다. 어감상으로도 '지적'과 '피드백'은 조금 다른 느낌이다. 지적당하면 기분 나쁜데, 피드백 받으면 고마운 마음이 든다. 정확한 차이는 애매하지만, 주는 사람의 마음이 받는 사람에게 전달되는 게 달라서라고 생각한다. 내 기준에서는 지적은 못 한 것을 바로잡으라고 짚어주는 것이고, 피드백은 잘못된 곳을 "○○○ 방법"으로 수정해 보라고 내 '노하우'를 권하는 것이다. 그래서 엄연하게 나누고 싶다. 상대방이 잘되기를 바라는 마음으로 권유하는 것이기 때문이다. 피드백에도 균형이 있어야 한다. 그 균형을 맞추어 줄 수 있는 것이 '셀프 피드백'이라고 생각했다. 어떻게 내가 하는 일을 스스로 피드백할 수 있을까? 셀프 피드백이라고 하면 분명 나의 단점만 지적하고 있을 게 분명했다. 그게 피드백이 될 리 없다고 생각했다. 분명 나의 안 좋은 부분, 부족한 부분만 짚을 게 뻔한데 말이다. 자존감이 낮을수록 이 부분은 시원하게 해결이 되지 못할 것 같다는 생각이 들었다. 그런 생각을 떨치기 위해 생각을 조금 달리해 보았다. 내가 내 문제를 진단할 수 있다면 다른 사람도 도와줄 수 있을 것 같았다.

스스로 피드백하는 요령

셀프 피드백은 나에게 맞는 방법이면 됐다.

첫 번째 방법은 '기록' 베이스이다. 다이어리이든, 투두 리스트이든 하루, 일주일, 한 달의 기록이 필요하다. 조금 번거로울 수 있지만, 밑바탕이 있어야 정리하고 피드백을 하지, 아무런 기록 없이 실체가 명확하지 않은 자료로는 피드백할 수 없었다. 그래서 다이어리를 다시 적기 시작했다. 2년 전 분초 단위로 적던 다이어리만큼은 아니지만, 굵직한 것 위주로 적어 가볍게 시작했다. 하려고 했는데 못 했던 건 왜 달성하지 못했는지, 목표치를 해냈던 일은 어떻게 해낼 수 있었는지 정리했다. 적으니까, 가시적으로 도움이 되었다. 수정할 방향이 드러났다. 그리고 2024년이 시작되는 이 시점에 다시 정비해서 좀 더 디테일하게 적으려고 준비했다. 시간 관리자가 되고 싶다는 마음에서 좀 더 노력해 보기로 했다. 이 기록은 나의 하루, 일주일, 한 달을 조사하고 업그레이드시켜 주는 중요한 자료가 될 거라 확신한다.

두 번째 방법은 '자기와 대화하는 시간 갖기'이다. 결국, 셀프 피드백은 자기 성찰이라는 결론에 도달했다. 사람은 본래 혼자서는 각성할 수 없다고 한다. 누군가의 피드백이 필요하다. 그게 다른 누군가가 될 수 있지만 스스로 할 수 있는 상태까지 끌어 올릴 방법이 있다. 바로 '나'를 제대로 알고 나와 대화하는 거다. 인간은 다중 지능을 가지고 있다.

심리학자이자 하버드대학 교수인 가드너의 '다중 지능 이론'에서 말하는 인간이 가진 지능은 여덟 가지이다. 언어, 논리수학, 신체 운동, 음악, 공간, 자연, 자기 성찰, 인간 친화 지능이다. 이 8가지 요소가 한데 어우러져 한 사람의 지적 능력을 구성한다. 사람마다 가진 지능의 정도가 다른데 자기 성찰 지능이 순위가 3순위 안에 들어가 있으면 발전 가능성이 커진다고 한다. 가드너는 자신에 대한 이해를 바탕으로 올바른 정체성을 확립하고 미래를 설계해 나가는 능력을 자기 성찰 지능이라고 했다. 자기 성찰 지능은 모든 지능 중에 가장 개인적인 부분이다.

보통 작가들은 '자기 성찰 지능'이 높다고 한다. 나 역시 글을 쓰다 보니, 자아 성찰이 익숙해졌다. 누군가 내게 '자아 성찰 전문가'라는 닉네임을 붙여 주었을 때 내가 진짜 그런가 생각하며 살짝 기분 좋게 놀랐다. 지나친 자아 성찰은 오히려 우울하고 어둡게 만들 수도 있다. 내게 질문하고, 생각을 적고 상황과 환경, 사람과의 관계를 통해 나를 들여다보는 훈련을 하면 어느 정도 조절이 되는 걸 느낀다. 그래서 이를 막는 방법으로 밤에만 글을 쓰지는 않는다. 감수성이 최대치로 올라가는 밤에 글을 적다 보면 지나치게 자아 성찰적으로 될 수도 있기 때문이다. 약간의 주관성이 더 개입된다고 생각해서이다. 이 과정을 통해 이전보다 마음을 더 솔직하고 건강하게 표현할 수 있게 되었다.

다른 사람이 성장하길 바라는 마음으로 내가 알고 있는 노하우와 생각을 조심스럽게 쏟아붓는 것처럼 나에게도 그렇게 하면 된다. 약간의 다르고 어르는 시간도 필요하다. 나의 성장을 위해서 말이다. 셀프 피드백을 통해 그렇게 만들 수 있다.

인간은 피드백을 받아야 무언가를 계속 추구할 수 있는 정교한 시스템을 가지고 있다. 피드백에 따라 흥미를 얻을 수도 있고, 잃을 수도 있다. 인생 살면서 다른 사람의 조언과 피드백을 잘 받아들일 줄 알아야 한다고 생각한다. 그러나 받기만 하는 게 아니라, 줄 수 있는 사람이 되려면 스스로 내 것을 볼 수 있을 때까지 성장해야 한다고 생각한다. 어제보다 나은 오늘, 오늘보다 나은 내일의 나가 되려는 방법이라면 기꺼이 피드백 발판 삼아 넘을 수 있지 않을까.

10

장점과 장점이 만나면
나만의 모델이 만들어진다

만약 내가 다른 두 사람과 함께 걷는다면 그들 각각은
나의 스승이 될 것이다. 한 사람의 좋은 점을 골라서 모방하고
다른 사람은 나쁜 점을 보고 스스로 고칠 것이다.

- 공자

나 어릴 적 히어로

나는 어렸을 때부터 정해진 롤모델이 따로 없었다. 누군가가 나에게
"가장 존경하는 사람"을 물으면 딱히 말할 사람이 떠오르지 않았다. "내
롤모델은 ○○○이야."라고 똑 부러지게 말하는 친구나 선배를 보면 어
떻게 정했을지 궁금했다. 괜스레 100명의 위인 중에서 누구 없나 어슬렁
거리며 생각해 보기도 했다. 나라를 구한 이순신 장군이라고 말해보기
도 하고, 간호사가 꿈이었던 시절에는 나이팅게일이라고 말해보기도 했
다. 연예인 중에 닮고 싶은 예쁜 사람을 말한 적도 있다. 내 꿈이 바뀔 때
마다 롤모델이 바뀌기도 했는데, 중고등학교 시절에도 소향이나 소리엘,

김수지와 같은 좋아하는 CCM 가수를 말하기도 했다. 이미 유명한 여러 사람이 있는데도 딱히 나는 '누구!'라고 정해놓고 쫓은 적이 없었다. 교회에 다녔으니 성경 인물 중에서 다윗이나 솔로몬을 말하기도 했다. 다윗의 용감함과 언제나 하나님께 기도했던 점을 배우고 싶었고, 솔로몬이 하나님께 지혜를 구했던 그 깊은 마음을 닮고 싶었다. 롤모델이라는 정의가 어려웠던 때였지만, 누구라도 닮고 싶은 사람은 있었다. 단점이 있더라도 '이것만 진짜 좋은 것 같아!'라며 장점을 골라내 닮고 싶다고 생각은 자주 했다.

얼마 전 유튜브 영상에서 콘텐츠를 검색하다가 '소울정'이라는 유튜버를 보게 되었다. 16년 차 교육사업가로서 자신의 브랜드를 키워내기까지 어떤 일을 했는지 설명했다. 썸네일에는 "너의 히어로는 누구야?"라는 질문이 있었다. 2024년을 준비하면서 나는 어떤 삶을 살아야 할지 고민하던 중이었다. 출간 작가이면서 기획자이자 교육가로 활동하고 있는 소울정은 어린 시절부터 〈사운드 오브 뮤직〉의 마리아를 동경했단다. 마리아의 사진을 방에 두고, 사운드 오브 뮤직의 촬영지인 오스트리아도 직접 가봤다고 했다. 혼자 도레미 송을 부르면서 외롭다고 느꼈고, 자신은 혼자가 아닌 합창을 하며 삶에 관해 이야기하고 싶다는 걸 깨달았단다. 작가로서의 롤모델은 헤르만 헤세였기에, 그처럼 되고 싶어서 초기작부터 마지막 작품까지 다 읽어봤다고 했다. 기획가로서는 마스다 무네아키를 통해서 배웠다고 했다. 일본까지 찾아가서 초기 기획부터 그의 발자취를 따라가면서 60세의 프리미엄이 될 때까지의 과정을 파고들었다고 했다. 인생에서 닮고 싶은 그 누군가를 롤모델 삼는 일은 무척 중요하다고 말했다. 지금 자신이 하는 일이 가치 있고 행복하다고 생각하는 이유가 있다고 생각했다. 그렇게 한 우물을 파면서 한 사람의 인생을 파고들며, 동시에 자신의 삶을 하나씩 구축해 나갔단다.

롤모델은 꼭 위대한 사람이 아니어도 된다

나는 워낙 성격이 '너무 좋아', '너무 싫어'가 없던 미지근한 사람이다. 삼 남매를 낳고 키우고, 자기 계발을 하면서 나를 위해서든 타인과의 관계를 위해서든 명확한 게 좋다는 걸 알고 나의 온도를 좀 더 명확하게 만들려고 노력했다. 지금은 표현과 생각이 좀 더 명확해졌다. 어렸을 때는 열광하듯 좋아하는 인물이 없었다. 가장 위대하다고 생각되는 예수님이 나의 영웅이라 말씀처럼 살아 보려고 애쓴 시기는 있었다. 이건 평생 내 삶의 기본 전제 조건이다.

롤모델이라고 하면 내가 속한 혹은 속하고 싶은 어떤 분야에서 그 사람처럼 되기 위한 다양한 방식으로 노력하는 것이다. 생각에 소울정처럼 어떤 분야별로 롤모델을 두고 닮기 위해 애썼다면 나는 지금 더 많이 성장해 있었을 거란 생각이 들었다. 나는 왜 진작 그렇게 살지 못했을까도 생각하며 아쉬웠다. 곰곰이 생각해 보니, 나는 주변에서 함께 호흡하는 사람들로부터 배울 점을 찾아내 삶에 적용했다. 대표적인 한 인물을 정해 놓지는 않았지만, 큰 업적을 이루고 성공한 대단한 사람보다는 가까이 있는 사람들로부터의 영향을 많이 받았다. 사회초년생 시절 가깝게

지내는 선배는 나에게 "너는 스펀지 같은 사람이야."라고 했다. 좋은 것
도 빨리 흡수하지만, 나쁜 것도 쉽게 물들 수 있어서 조심해야 한다는 말
을 함축하고 있었다. 가능한 좋은 것을 보면 적어도 흉내라도 내면서 살
아왔다.

기억에 초등학교 5학년이었던 것 같다. 우리 반에 글씨를 타이핑한 것
처럼 쓰는 친구가 있었다. 연필로 노트에 글씨를 쓰면 친구들이 다 와서
구경했다. 어떻게 쓰면 그렇게 예쁘게 쓰는지 물어봐서 따라 쓰기 연습
을 하기도 했다. 큰 교회 찬양팀 반주자처럼 신디사이저를 느낌 있게 잘
치고 싶었다. 혼자 훈련하면서 도무지 어떻게 해야 할지 몰라 그 반주자
에게 짧은 기간 레슨받고 연습했다. 한 달 만에 실력이 일취월장해서 주
변 사람들이 꽤 놀라워했다. 줄넘기만 100일 해서 3kg을 감량했다기에
나도 100일을 해봤다. 3kg은 안 빠졌지만, 그냥 따라 해 본 거다. 작가가
되고 싶으니 나의 글쓰기 스승을 따라 해 보고, 읽은 책 중에 마음에 드
는 작가의 문체도 따라 해 본다. 영어 코치로 활동하고 있으니, 갓주아
대표의 교육관과 코칭법을 모델 삼아 닮아보려고 애쓴다. 관심 분야가
달라지면 그 분야를 찾아가면서 다른 사람들은 어떻게 하는지 찾아봤다.
그리고 내게 적용할 수 있는 점을 배워 내 것으로 가지고 왔다.

누군가 집 정리를 단정하게 해 놓은 걸 보면 나도 그날 집에 와서 집 정
리를 했다. TV 프로그램에서 주부들이 주는 삶의 팁을 얻으면 바로 적용
해 봤다. 재활용을 활용했다니 그대로 따라서 적용해 보기도 했다. 독서

팁, 글쓰기 팁, 다이어리 작성 방법까지 "이렇게 하니까 성공했다.", "이렇게 하니까 잘되더라."의 방식을 따라 해 보고 맞으면 내 것으로 적용하는 거다. 닮고 싶은 누군가가 있으면 유심히 관찰했다. 외모, 생각, 몸짓, 말투, 생활방식까지도 따라 해 봤다. 누군가 어떤 방법으로 이만큼의 성과를 냈다고 말하면 그가 말한 '이런 방법'을 내 삶으로 끌어들였다. 지금은 콘텐츠를 알리는 시대다. 나와 같은 분야 혹은 관심 있는 분야의 다양한 사람들을 찾기가 무척 수월해졌다. 독서 방법, 글쓰기 리추얼, 콘텐츠 풀어내는 방식, 살림살이, 운동, 건강, 식사까지 삶의 모든 분야를 총망라해서 공유받을 수 있다.

나도 이미 누군가에게는 롤모델이다

영어 코칭을 하면서 자주 듣는다.

"코치님처럼 되고 싶어요."
"코치님 같은 소리를 가지려면 몇 개월이나 훈련해야 할까요?"
"코치님만의 노하우를 알려주세요."

신기하게도 내 회원뿐 아니라 다수의 코치 회원의 소리를 들으면 회원이 그 코치의 소리를 닮아가는 걸 알 수 있다. 이 사실을 알고 얼마나 소스라치게 놀랐는지 모른다. 영어 스피킹할 때 원어민의 소리를 내고 싶다고 그대로 따라서 쉐도잉하면 어색하다. 코치 소리가 멋있다고 무조건 흉내 내기만 하면 어색해지기도 한다. 누구든 훈련하고 배운 소리를 기반으로 내 발성과 내 톤에 맞는 편안한 소리로 만들어야 한다. 배우고 싶은 것은 나만의 방식으로 체화시켜 내 것으로 만들어 가장 자연스럽고 편안하게 발화할 수 있다.

내 글의 독자와 수강생이 말한다.

"저도 작가님처럼 글을 잘 쓰고 싶어요."
"작가님의 문체처럼 쓰려면 어떻게 해야 하나요?"
"작가님 비법을 알려주세요."

나는 유명 작가가 아니지만, 주변에서 종종 이런 말을 듣는다. 사람들은 자주 접하는 사람에게 자극을 받는다. 내 행동반경 내에서 롤모델을 찾기도 한다. 누군가의 롤모델이 되었다는 사실이 감격스럽다. 그러나 그 사실을 알고 나면 함부로 살 수 없다. 내 소리와 내 글에 책임 의식이 생긴다. 결국, 겉으로 보이는 내 삶뿐 아니라 글에서 드러나는 숨길 수 없는 내 삶의 이야기들이 나를 증명하기 때문이다.

누군가는 한 사람을 정해놓고 반드시 그 사람처럼 되겠다고 생각하고 복제하듯 사는 사람도 있을 거다. 혹은 어떤 분야에서만 롤모델 삼기도 할 거다. 이렇다 저렇다 말하고 싶은 게 아니다. 내가 살아온 흔적을 보니 개인적으로는 '인생에 딱 한 명만 롤모델 삼지 않아도 되는구나.'의 생각에서 멈췄다. 혼자가 아니라 더불어 사는 사회에서 서로에게 영향받아 만들어진 결과물이 바로 '나'인 듯하다. 그러니 인생에 뚜렷한 롤모델이 없다고 해서 잘 살지 못하는 건 아니란 생각이 든다.

이미 누구나 살면서 만난 사람들의 단점보다는 장점을 찾으려고 노력해 봤을 거다. 그 장점만 취해 내 것으로 만들려는 노력을 이미 많은 사람이 해 봤을 거라고 본다. 우리는 어떤 모습이든 다른 사람에게 롤모델이 될 수 있는 자신만의 분야를 누구든지 가지고 있다. 그 좋은 모습을 그냥 그대로 따라가는 게 아니라 나만의 방식을 통해 내 것으로 만들어내는 노력의 과정은 필요하다. 발견해서 내 것으로 만드는 건 나의 몫이다.

내 삶을 변화시킬 수 있는 건
나의 선택과 행동뿐이다

> 우리가 삶의 주인공이 되려면,
> 우리는 선택의 주인이 되어야 합니다.
> - 달라이 라마

2023년 12월 마지막 주부터 2024년의 계획을 짜기 시작했다. 지금으로부터 4년 전인 2020년, 나의 3년, 5년 후를 적어본 게 마지막이었다. 만다라트도 그려보고 싱크와이즈, 알집맵을 이용해서 나의 미래를 그려보는 시간을 가졌었다.

기록이 현실이 된 순간

이 글을 쓰기 위해서 당시 여러 기록을 들춰봤다. 그 시기를 기준으로 4년 후인 현재, 나는 이룬 것도 있고, 이루지 못한 것도 있다. 그러나 명확한 건 당시 작가가 되겠다고 했던 나의 목표는 이루었다. 물론 출간 계획 후 적은 내용이라 첫 책 출간은 확정되어 있었다. 1년 세 권 출간이라는 무식하고 용감한 계획도 이루어졌다. 물론, 개인 저서 종이책 세 권을 채우지는 못해 허탈한 웃음이 나오지만, 공저 포함 다섯 권을 출간했으니 해낸 거나 다름없다. 개인 저서 세 권이라고 쓸 걸 그랬나 보다. 게다가 당시에는 내가 책 쓰기 코치가 되겠다는 굳은 의지가 없었는데도, 기록에는 '책 쓰기 강의, 재능기부, 유료 강좌'라고 쓰여 있었다. 언젠간 할 날이 오겠지 싶어 2024년, 2025년에 넣어 둔 목록이었다. 깜짝 놀랐다. 거기다 2025년에 작가 배출이라고 적혀 있는데, 〈글로다짓기〉 유료 1호 회원 덕분에 2024년에 1호 작가 배출이 가능해졌다. 현재 이 시점에서 책 쓰기 코치로서 살고 있다는 사실이 몹시 감격스럽다.

한쪽 기록에는 '영어 정복, 미드 자막 없이 보기'도 있었는데 나는 자막 없이 미드를 볼 수 있다. 또 한 가지 놀라운 건 2021년 시작 전에 작성했던 다른 기록에는 2023년과 2025년 사이에 현지 어린이집 교사 양성, 직업 창출 프로그램이라고 적혀 있다. 2023년 하반기 동안 교사 양성 진행했고, 2024년 1월, 어린이집 개원했다. 또 다른 직업 창출 프로그램은 새해가 되면 실행된다. 솔직하게 말하는데 나는 그사이 이걸 왜 썼나 싶을 정도로 잊고 살았다. 쓰면 이루어진다는 말에도 그렇게 간절하지 않았던 사람이다. 당시 계획했던 방향 중 다른 것들은 크게 틀어지기는 했다. 굵직한 것은 소원하고 적기만 했는데도 내 삶의 방향이 그 방향으로 흘렀다.

마음의 소원을 이루어주는 기록

어떤 소원이든 마음에 품은 것이 있다면 적고, 계속 상기하면서 내가 어떻게 하면 그것을 이룰 수 있을지를 진취적인 태도로 대해야 한다고 깨달았다. 자기 확언, 미래 계획에 대해서 중요하게 생각하고 실행하는 사람들 보면서 대단하다고만 생각했다. 나는 생각 날 때만 했다. 내가 그때부터 미래 계획을 좀 더 명확하게 정하고 적어놓은 걸 책상 앞에 붙여놨다면, 매일 확신에 찬 목소리와 믿음으로 기도했다면, 지금은 더욱더 오밀조밀하게 짜인 길로 올 수 있지 않았을까 생각해 본다. 혼자 아쉽다.

여러 크고 작은 프로젝트를 하면서 깨달은 한 가지는, 내 계획은 나 혼자 그 계획을 품고 있으면 안 된다는 거다. 계속 성장시키고 싶다면 옆 사람, 내 그림에 있으면 좋겠다고 생각한 사람에게도 공유해야 한다고 생각한다. 그래서 최소 나는 남편에게 나의 계획을 마구 이야기한다. 그가 동의하든 하지 않든 그냥 말한다. 그리고, 함께 하고 싶은 동료에게도 내 생각과 계획을 나눈다. 살을 뺄 때도 선전 포고해야 눈치 보여서라도 식단을 조절했고, 작가가 될 때도 책을 출간하고 말겠다고 선전 포고해서 해낼 수 있었다.

2021년 초 적었던 나의 비전(Vision)에는 이렇게 적혀 있다. "내게 주신 재능을 더욱 계발시켜서 선한 영향력을 미치는 사람으로 사는 것이다. 사람을 살리고, 사람을 세우고, 꿈을 실현할 수 있는 메시지를 전달하자." 나의 미션(Mission)에는 "재능 계발과 능력의 한계치를 끌어올리자. 도전과 실행을 멈추지 말자. 꿈과 희망이 없는 곳에 복음을 전하고, 도움이 필요한 곳과 사람의 필요를 채우자."라고 적혀 있다. 3년 전의 나의 계획 중 상당 부분이 다르기도 하지만 오늘, 이 글을 쓰면서 나의 베이스가 되는 비전과 미션만큼은 달라지지 않았다는 걸 알았다.

"오늘의 내가 미래의 나를 만든다."라는 말은 많이 들어봤다. 그 말을 들으면서도 고개를 끄덕이지만, 미래지향적이기보다 현재에 만족하며 사는 시간이 더 많았다. 물론 미래를 위해서는 현재, 오늘에 더욱 집중해야 한다고 생각하는 건 맞다. 오늘이 없이 어떻게 미래가 있을 수 있을까. 미래 시점에서 오늘이 아깝지 않은 날이 되려면 거꾸로 거슬러 나와야 한다고 생각했다. 그래서 계획을 짰다. 바로 10년 후를 그냥 예측하는 게 아닌, 10년 후의 나의 모습을 상상한 후 10년, 8년, 5년, 3년 단위로 거꾸로 거슬러 내려와 보는 거다. 그럼 나는 지금 무엇을 해야 할지 생각해 본다. 보이지 않는 미래를 그려본다는 건 참 어려운 일이다. 살면서 닥칠 위기와 난관이 내 삶을 다른 방향으로 돌려놓을 수도 있지 않겠냐는 쓸데없는 염려도 늘 따라다닌다.

소원은 마음에만 품고 있으면 안 된다

전대진 작가의 『반드시 해낼 거라는 믿음』 책을 읽으면서 내가 찾던 롤모델이라는 생각이 들었다. 나는 이 책을 통해 전대진 작가를 처음 알았다. 그전에도 활발하게 활동했고, 출간 책이 여러 권 있는데도 알지 못했다. 책에 담긴 내용과 인스타그램에서 커뮤니티를 운영하는데 전대진 작가는 크리스천으로서 다른 사람의 이야기를 듣고 상담하고 있었다. 크리스천뿐 아니라 종교가 다른 사람들도 전대진 작가에게 조언을 듣고 인생

방향에 대해서 상담받으려고 찾는 사람이 많다고 했다. 진정한 기버로 살아가는 인생에 말씀, 기도, 사랑과 나눔이 있는 사람이다. 거기에 자기가 잘하는 일과 좋아하는 일, 돈 버는 일과 나누는 것까지 다 함께 네 박자가 맞는 삶을 살고 있다는 문장을 볼 때 내가 원하는 게 이거라는 생각이 들었다.

나는 나의 10년 후를 알 수 없다. 당장 내일 무슨 일이 일어날지 아무도 모르는데 10년 후를 어떻게 예측할 수 있을까 싶다. 그러나 명확한 건 내가 멈추지 않고 계속해서 노력한다면 뭐가 되어도 10년 후의 나는 멋질 것 같다.

카탈리스트(catalyst)는 영구적인 화학적 변화 없이 화학 반응 속도를 증가시키는 물질을 말한다. '촉매'의 역할을 나타내는 단어다. 내가 기대하는 나의 10년 후 모습은 '누군가 삶의 방향을 잃고 헤매고 있을 때 단비 같은 해답을 건져내도록 돕는 물꼬의 역할을 하는 사람'이다. 구체적인 방향을 여기에 모두 다 이야기할 수는 없지만, 단체를 만들고, 사람 세우는 일을 하고 싶다. 큰 그림을 위한 세부 목표를 세웠고, 함께하고 싶은 사람에게 나누며 선포했다. 그사이 내가 또 얼마나 치열하게 살아내야 할지를 적어보았다. 지금까지 내가 해온 여러 일과 다양한 경험, 앞으로도 계속해서 가꾸어갈 많은 시간이 온전히 다 그 일에 접점을 이룰 거다.

10년 후면 반백 살이다. 아직도 활발히 기량을 펼칠 수 있는 나이라는 생각에 가슴이 설렌다. 가능하다면 협업 관계를 이루어 더 멀리, 길게 발

뻗어 나가고 싶다. 인생은 호언장담할 수 없다는 걸 잘 안다. 꿈꾸는 것은 아름답고, 도전은 멋지다. 그냥 누군가가 이 말을 해서도 아니다. 누구나 할 수 있는 말을 어디서 주워들어서 하는 말도 아니다. 내가 소원을 마음에만 품고 도전하지 않았을 때보다 마음에 있는 것을 실행했을 때가 행복했다. 결과가 꼭 좋지 않더라도 부딪히고 깨지며 원하는 것을 얻어냈을 때의 희열은 그 어느 때보다 값졌다. 10년 후 지금의 내가 살면서 선택하고 행동하는 모든 시간에 박수를 보낼 수 있길 바란다. 내 삶을 변화시킬 수 있는 건 나의 선택과 행동뿐이다.

마치는 글

요즘에는 인스타그램이나 유튜브만 열면 정보가 쏟아져 나온다. 쇼츠와 릴스에 집약적으로 요약되어 정보를 빠르고 쉽게 알려주는 영상이 많다. 유용한 정보든 아니든 내가 선택적으로 골라서 보지 않아도 알고리즘이 알아서 정보를 마구 보내준다. 최근 피부와 건강 고민이 있어 몇 가지를 살펴봤더니 연결된 정보가 쏟아져 나왔다.

최근 본 것 중 하나는 미네랄 수에 관한 정보였는데, 피부와 다이어트 고민을 한 방에 날려 줄 수 있는 비법이라고 소개했다. 매일 마시는 물에 오이와 레몬을 썰어 넣고 소금 한 티스푼 정도를 넣은 후, 휘휘 저어 아침 공복에 마시고, 수시로 마시라는 거였다. 소금을 넣으면 체내 흡수율이 올라간다고 했다. 실제로 본인이 해보고 효과 봤다며 열정적으로 소개했다. 그렇지 않아도 늘어나고 탄력 없는 내 얼굴의 모공과 오랜 시간 앉아 있으면서 점점 불어나는 몸에 생각이 많아지던 터였다. 그대로 따라 해보기로 했다. 마침 냉장고에 레몬도 있고 오이도 있어서 꺼내서 깨끗이 닦아 자르기만 하면 됐다. 투명 저그에 넣고 물을 받아 소금 한 티스푼을 넣고 잘 녹도록 저었다. 이틀 정도 의도적으로 하고 3일째 되는 날 까맣게 잊어버렸다. 생각난 김에 저녁 늦게 생각나 주방으로 가서 만들어 물을 벌컥벌컥 마셨다.

대체 누가 내 삶을 CCTV로 보고 있는 걸까, 어쩜 내 필요를 그렇게도 잘 아는지, 하루는 운동할 시간은 없고 온종일 앉아서 일하며 체력이 떨어진 사람을 위한 꿀팁이 올라왔다. 틈만 나면 서서 뒤꿈치 드는 동작을 해보라는 것이었다. 시간을 따로 낼 필요도 없이 서 있는 시간을 활용해서 뒤꿈치를 들었다가 내리기만 반복하면 된다고 했다. 그 영상을 딱 한 번 봤을 뿐인데, 잠시라도 서 있으면 생각났다. 생각 난 김에 선 자세로 뒤꿈치를 올렸다 내리기를 반복했다. 일하다가도 생각나면 바로 그 자리에서 일어나서 딱 10번이라도 해보고 앉았다. 며칠 전에는 뭉친 어깨와 거북목 치료를 위해 목 빗근을 틈이 날 때마다 손으로 살살 만져주며 마사지해주라고 했다. 얼굴도 작아지고 부기 빼는 효과도 크다는 말에 귀가 솔깃해졌다. 또 해보라고 하니까 따라 해 봤다. 압력 조절을 못 해 좀 세게 했는지 3일 정도 하고 나니, 왼쪽 목 빗근부터 귀 바깥쪽 부분까지 타고 올라가 살짝 부어 불편감이 있었다.

보통 이런 정보를 들으면 하루 이틀 하다가 마는 경우가 허다하다. 이런 생활 습관을 루틴으로 하는 사람도 있지만, 알아도 안 하는 사람이 있다. 나도 그렇다. 그런데 때론 마음에 들어오면 그냥 해보는 거다. 지속하지 못할까 봐 그럴 바엔 시작도 안 하겠다고 마음먹는 게 아니다. 걱정하고 재는 게 아니라, 그냥 해보는 거다. 어떻게 잘할까, 어떻게 좀 더 폼나게 할지, 어떻게 좀 더 완벽하게 준비되면 할지 고민할 필요도 없이 그저 마음에 들어왔을 때는 "그냥 해보자." 마음먹고 실행해 본다. 어쩌면 지금 예시로 들었던 내용이 별거 없다고 느낄지도 모르겠다. 그거 하는 데 그냥 하면 되지, 결심까지 할 필요 있나? 싶은 마음으로 읽었을지도 모를 일이다. 하고 싶은 말은 가벼운 마음으로 뭐든 "그냥" 하고, "바로 시작"하면 된다는 것이다. 무슨 일이든 "습관"으로 만들 수 있다면 크게 힘들이지 않아도 된다. 습관은 일상을 물 흐르듯 살아가는 것처럼 자연스러운 것이기 때문이다. 물론 습관으로 만들기까지의 노력은 필요하다. 그래서 필요한 게 바로 실행력이다.

매일 하는 루틴이 있다. 오전 루틴도 있고, 저녁 루틴도 있다. 매일 밤 약 4시간 정도는 영어 코칭에 시간을 쓰고 끝나자마자 네이버 카페를 열고 글을 쓴다. 카페 글쓰기 챌린지 회원에게 줄 제시어이다. 제시어는 질문 포함 짧은 혹은 긴 글이다. 글을 올리고 나면 내가 쓰고 싶은 글도 추가로 쓴다. 밤 10시 30분가량 된다. 오픈 채팅방에 독서모임 줌 링크를 올리고 함께 하는 사람들과 〈글로다독〉 새벽 독서모임을 한다. 밤 10시 30분에 줌이라니, 밤인데 새벽 독서모임이라고 해서 의아할 테지만, 내가 한국에서 활동하는 사람들과 같이 독서 루틴을 지킬 수 있는 유일한 시간이다. 이곳 남아공은 밤 10시 30분, 한국은 새벽 5시 30분이다. 2024년부터 새로 시작한 모임이다. 책은 각자 읽더라도 같이 모여 한 공간에서 꾸준하게 습관을 만들 수 있는 좋은 방법이라고 생각했다. 1월 시작해서 현재 3월 계속 이어가고 있다.

새벽 기상, 일기 쓰기, 감사 목록 적기, 책 읽기, 독서 노트 작성, 말씀 묵상, 글쓰기, 영어 훈련, 운동하기, 강의 듣기와 같이 주기적으로 하는 것이 있다. 매일 하는 것도 있고, 매일 하지 않는 것도 있다. 매일 해서 온전한 일상 습관으로 자리 잡으면 더할 나위 없겠지만, 나는 약간의 틈은 허락하기로 했다. 하다 말다 마음대로 한다는 건 아니다.

완벽주의 성향이 있는 나는 새벽 기상도 "매일 못 할 거면 하지 마!"가 강한 사람이었다. 그러나 그렇게 해서 나 스스로 죄책감을 느끼거나 무언가에 옥죄여서 하는 것보다 매일 못하지만, 끊어진 곳부터 이어가고 매일이 아니더라도 행위를 하는 나에게 초점을 맞추기로 했다. 어떤 일이든 시작하기 전에 망설여진다면 한번 생각해본다. 큰돈이나 위험을 감수해야 할 일이 아닌 이상 해봐서 손해 보는 것은 없다고 말이다. 그러니, 뭐든 마음먹은 게 있다면 일단 움직여 봐야 결과도 확인할 수 있지 않은가 생각했다.

> 귀찮으면 지는 거다. 아는 것만으로는 부족하다.
> 적용해야 한다. 생각만으로는 부족하다. 행동해야 한다.
> - 괴테

괴테의 말을 나만의 명언으로 바꾸어 만들어보았다.

배운 것만으로는 부족하다. 시작해야 한다.
마음만으로는 부족하다. 나누어야 한다.
나누려면 움직여야 한다.
- 최주선

결국, 어떤 것에 대한 자극을 받아 움직이는 것은 나만을 위한 결과를 낳지 않는다. 다른 누군가에게 선한 영향력을 끼치는 일이 된다. 지식이나 생각, 마음만으로는 부족하다. 반드시 이루어낼 것이라는 믿음과 행동이 함께 있어야 성장할 수 있다고 생각한다. 성경에도 "행함이 없는 믿음은 죽은 믿음"이라고 했다. 역시, 어떤 일을 이루어내기 위해서는 믿어야 하고, 움직여야 한다.

아무것도 하지 않으면 아무 일도 일어나지 않는다.